o mundo dos bolos da Carole Cremer

O mundo dos bolos da Carole Crema

Editora Senac Rio - Rio de Janeiro - 2024

O mundo dos bolos da Carole Crema © Carole Crema, 2024.

Direitos desta edição reservados ao Serviço Nacional de Aprendizagem Comercial – Administração Regional do Rio de Janeiro.

Vedada, nos termos da lei, a reprodução total ou parcial deste livro.

Senac RJ

Presidente do Conselho Regional
Antonio Florencio de Queiroz Junior

Diretor Regional
Sergio Arthur Ribeiro da Silva

Diretora Administrativo-financeira
Jussara Alvares Duarte

Assessor de Inovação e Produtos
Claudio Tangari

Editora Senac Rio
Rua Pompeu Loureiro, 45/11º andar
Copacabana – Rio de Janeiro
CEP: 22061-000 – RJ
comercial.editora@rj.senac.br
editora@rj.senac.br
www.rj.senac.br/editora

Gerente/Publisher: Daniele Paraiso

Coordenação editorial: Cláudia Amorim

Prospecção: Manuela Soares

Coordenação administrativa: Vinicius Soares

Coordenação comercial: Alexandre Martins

Preparação de texto/copidesque/revisão de texto: Laize Oliveira

Projeto gráfico de capa e miolo/diagramação: Priscila Barboza

Fotografia: Luna Garcia

Produção de objetos e assistente: Estúdio Gastronômico

Food stylist: Marina Boza Hernandez

Assessoria da Carole Crema: Alice Bergamin

Assistente de confeitaria: Bianca Bertolaccini

Impressão: Coan Indústria Gráfica Ltda.

Reimpressão da 1ª edição: outubro de 2024

CIP-BRASIL. CATALOGAÇÃO NA PUBLICAÇÃO
SINDICATO NACIONAL DOS EDITORES DE LIVROS, RJ

C937m

    Crema, Carole
        O mundo dos bolos da Carole Crema / Carole Crema. - 1. ed. - Rio de Janeiro : Ed. SENAC Rio, 2024.
        160 p. ; 23 cm.

    Inclui índice
    ISBN 978-85-7756-526-9

    1. Gastronomia. 2. Bolos. 3. Confeitaria. I. Título.

24-92615   CDD: 641.8653
                  CDU: 641.85:664.683.6

Gabriela Faray Ferreira Lopes - Bibliotecária - CRB-7/6643

Às minhas filhas, Beatriz e Luiza, tão pacientes e compreensivas com essa mãe maluca pelo trabalho e apaixonada por tudo que faz.

sumário

Prefácio 11

Agradecimentos 15

Introdução 17

1 Ingredientes e suas funções 23

A técnica explica tudo 24
Farinha de trigo – estrutura 25
Ovo – estrutura e textura 26
Gordura – umidade e leveza 26
Açúcar – umidade, sabor e cor 27
Líquidos 28
Fermentos 28
Aromatizantes 28
Resumindo um bolo 29

2 Além dos ingredientes 31

Fôrmas 32
Liquidificador 34
Batedeira 34
Forno 35
Medidas 36
Untar ou não untar 37
Spray desmoldante 37

3 Massas e preparo 41

As massas para os bolos 42
Chiffon 44
Pão de ló 47
Pound cake 49
O glúten e o bolo 53

4 Manual definitivo para arrasar nas massas de bolo 55

Armazenamento e congelamento 61

5 As coberturas 63

Fondant de açúcar 64
Merengue 64
Ganaches 65
Creme de manteiga 66
Creme de queijo 66
Chantili 67
Caldas 67

6 Receitas 69

Índice de receitas 157

prefácio

Helô Bacellar
Cozinheira e escritora

Só de ouvir alguém falar no nome Carole ou de ver a Carole por aí, eu já penso em pelo menos três momentos com ela.

Primeiro, como se fosse hoje, vejo a Carole toda sorridente mexendo um molho de pistache delicioso em uma das primeiras aulas que deu no Atelier Gourmand, isso lá para 2002, logo que abri a escola. Amei tanto aquele molho que raspei a panela, levei a receita para casa e fiz algumas vezes para acompanhar um pernil.

Os alunos achavam o máximo as aulas variadas, divertidas, descontraídas, cheias de receitas gostosas com mil dicas da Carole. Eu sempre aparecia para dar um oi, conferir se estava tudo bem e aproveitava para experimentar alguma coisa gostosa e aprender um pouco.

Um aluno me ligou contando que, até a véspera, quebrar ovo não fazia parte dos planos dele, mas mudou de ideia com a Carole: foi ao supermercado, comprou ingredientes, depois correu para a cozinha, preparou tudo seguindo as receitas da aula e serviu um jantar delicioso com direito a sobremesa para os amigos. Quer coisa mais gostosa e gratificante?

Em seguida, penso nela feliz da vida entrando na Livraria da Vila com um vestido todo esvoaçante, bem no estilo fada, para o lançamento do livro *O mundo dos cupcakes*, isso em 2010.

Os anos foram passando e eu segui acompanhando a Carole, sempre sorridente, fazendo doces aos montes, dando mil aulas por aí e participando do programa *Que seja doce*. Até que, há uns dois anos, na premiação dos Melhores do ano de 2022 da revista *Prazeres da Mesa*, aconteceu mais um encontro daqueles para a gente se lembrar para sempre. A Carole e o Dalton Rangel eram os mestres de cerimônia da festa e eu entregaria o prêmio de melhor doceria do Brasil. Fui para o palco, ela me entregou o envelope, abri e travei quando li que o prêmio era para a própria Carole Crema! Eu, de frente para ela sem saber o que fazer, e ela me olhando sem entender nada. Então respirei e disse: "Olha o cartão, é verdade, o prêmio de melhor doceria é para você". Ela levou um susto, também não acreditou, mas eu disse de novo para a plateia que era aquilo mesmo, que era um prêmio muito doce e justo. A gente se abraçou e até chorou.

Mas o que importa para valer é saber que a Carole e eu temos muitas coisas em comum. As duas amam receitas, vivem na cozinha, vivem entre fôrmas, espátula e batedeiras, adoram ensinar, gostam de deixar as pessoas felizes e amam açúcar do jeito mais lindo do mundo.

Como sempre falo por aí, quando estou triste, faço um bolo, e quando estou feliz, eu faço vários. Acho o máximo escolher uma receita, separar ingredientes, preparar a fôrma e a massa, assar e ver tudo se transformar, depois esperar amornar e servir o bolo com o maior carinho para quem estiver por perto (mas faço bolo mesmo que seja só para mim).

Acho que qualquer hora é hora de fazer e de comer um bolo e tenho certeza de que só bolo e pão, ainda enquanto estão no forno, conseguem invadir a cozinha com aqueles cheiros irresistíveis e dar aconchego de casa a qualquer lugar.

Faço bolo em casa quase todo dia, e tanto dos simples basiquinhos para alegrar o dia a dia, como dos cheios de coberturas e recheios para qualquer momento (e festa que é festa tem que ter bolo, é simples assim). Gosto tanto de bolos e bolinhos que tive até uma cachorrinha chamada Muffin.

E a Carole também pensa e vive assim, é boleira de mão cheia e os seus bolos fazem parte da vida de muita gente. Esse fazer parte pode ser por comer um bolo feito por ela ou por seguir uma receita ensinada por ela nas aulas, vídeos, na TV e nos livros, como este. A grande vantagem do livro: ter a Carole sempre por perto, poder ler e reler as receitas e dicas quando der vontade, ficar olhando as fotos gostosas e, com certeza, passar a fazer mais bolos em casa.

Neste livro, que vale tanto para quem gosta e já faz bolos, mas quer aprender mais, como para quem quer começar, ela ensina muito do que sabe com várias receitas, técnicas e dicas boas sobre ingredientes e métodos, e sempre com um "causo" sobre cada um deles. Tem as receitas básicas para café com bolo, tem as chiquezinhas para comemorar, tem as rápidas e as mais elaboradas.

Essas elaboradas têm etapas tão divertidas que já fazem do preparo uma festa. Quando saiu *O mundo dos cupcakes*, as minhas filhas foram atrás dos corantes logo no dia seguinte e passaram o sábado "brincando de Carole", quer dizer, fazendo massa, assando bolinhos em forminhas de papel, preparando montes de creme de manteiga, tingindo de rosa, azul, lilás e verde, depois decorando dos jeitos mais divertidos e servindo para toda a família.

Enfim, a Carole mostra por A + B que não existe aquele "não tenho mão para bolo", que a gente vira e mexe escuta por aí. Seguindo as receitas e dicas de *O mundo dos bolos da Carole Crema*, todo mundo consegue fazer bolos deliciosos.

No dia em que ela me mandou o livro para espiar, logo caí no Bolo de fubá. Sou tão apaixonada por bolo de fubá que faço toda semana a receita da minha avó, que é fácil, mas depende de claras em neve. Para variar, fiz o da Carole, que é só de misturar, e fica perfeito, com um crocantinho irresistível que vem do fubá e da erva-doce. Agora faço os dois.

E vou contar a verdade: hoje cedo, para me inspirar, ainda fiz o Bolo de maçã com gengibre e calda toffee de mascavo, que também é uma delícia, preparei um bule de café e comi umas duas fatias gulosas com bastante calda. Não sobrou migalha. Seguindo a dica da Carole no livro, na hora da sobremesa do almoço, ainda tomei sorvete com a calda toffee e amei.

agradecimentos

São tantos! Tanta gente especial que, direta ou indiretamente, ajudou a tornar esse sonho realidade. Meus pais, que me ensinaram tudo sobre amor e resiliência; a Editora Senac Rio, que acreditou em mim; Marina Hernandez, amiga, comadre e parceira para toda receita, que orientou e produziu as fotos deste livro; Alice, Bianca e Juliana, que me acompanharam durante todo o processo com carinho e dedicação; minha equipe nota 1.000, que cuida de tudo e me dá tranquilidade para eu alçar diferentes voos; Vanderley, que fez o Bolo de coco gelado perfeito da foto; Camila e Isabela, que auxiliaram nos preparos; Gabriela e Damiana, as meninas da loja, que aguentaram muita bagunça na semana de preparos e fotos; Heloisa Bacellar, tão carinhosa por aceitar e escrever esse prefácio lindo; Manu, que me aturou falando de bolos por meses e vibra comigo a cada conquista; Wilma Kövesi, que me ensinou a ensinar, e Beth Kövesi, que segue seus passos lindamente, irmã de vida; Luna Garcia e sua equipe, que deram o "tom" com cores e fotos incríveis; Alex e Edu da Montageart®, que produziram boleiras sensacionais especialmente para mim; Geísa da Barra-Doce®, sempre carinhosa, que me mandou fôrmas lindas; aos alunos, seguidores, fãs: gente linda e querida que acompanha meu trabalho. Vocês são minha fonte diária de energia para seguir disseminando ideias e receitas. Muito obrigada, faço por vocês e para vocês!

introdução

Que bom te ver por aqui! Antes de começarmos a bater e assar bolos, preciso contar uma historinha para vocês. Me formei em cozinha em 1997 e passei por todas as áreas durante minha trajetória acadêmica e início da carreira. Nessa época, eu fugia sempre dos bolos. Só de pensar que precisava fazer um bolo, já me apavorava: "Ah, bolo... tem que pesar certinho, tem que ter receita boa, tem que isso, tem que aquilo". Sofria, não queria. Até começar a entendê-los.

Meu convite aqui é para que você também compreenda a arte de fazer bolos: a estrutura, o porquê de cada ingrediente, modo adequado de assar, fôrma ideal, tempo correto. Tenho certeza de que com essas informações e um pouco de treino essa iguaria tão amada pelos brasileiros deixará de ser um mistério.

Sempre que me proponho a ensinar, seja em salas de aula, na internet ou em meus livros, tenho como missão desmistificar a cozinha. Fazê--la simples por meio do entendimento das técnicas. Estas, assim como a matemática, têm suas fórmulas que, uma vez entendidas, podem ser aplicadas com diferentes ingredientes e transformadas em diversas preparações, cada uma com sua particularidade. Mas entenda que, em se tratando de uma fórmula, cada alteração terá suas consequências. Se você estiver preparado, poderá direcioná-las para o resultado desejado. Só sucesso!

Em *O mundo dos bolos da Carole Crema*, você vai encontrar tudo que precisa para preparar diferentes bolos, incluindo a descrição de técnicas clássicas para escolher e preparar massas e coberturas; receitas básicas e variações; receitinhas deliciosas diretamente dos cadernos da minha família e até dos mais queridinhos da minha loja: o Bolo de coco gelado e o Bolo praliné.

Claro que incluí também um monte de segredos e "pulos do gato", explicações dos "porquês" de mitos clássicos repetidos pelas nossas mães e avós e historinhas que permeiam minha trajetória de quase 25 anos assando bolos.

Tem receita para iniciantes, curiosos, crianças de todas as idades e para profissionais, além de dicas de congelamento, durabilidade das massas e até de como vender, em alguns casos.

Portanto, não há desculpa para não "colocar a mão na massa". Aliás, a cozinha deve ser praticada e experimentada. Com o tempo, técnica e a "tranquilidade" que a prática traz, você se torna mais corajoso e arrojado, os preparos são alterados e incrementados e vão ficando cada dia mais interessantes. E com sua personalidade.

Vamos nessa comigo?

Com carinho,

Carole Crema

ingredientes e suas funções

1

A técnica explica tudo

Assar um bolo exige organização; separar os ingredientes, preaquecer o forno e preparar a fôrma são algumas dessas tarefas fundamentais. No entanto, o mais importante é ter a "fórmula" pronta e certa. Afinal, uma vez que misturamos e o levamos ao forno, não há mais o que fazer.

Por isso, é essencial entender o que cada ingrediente faz em uma receita e sempre lembrar que o equilíbrio e a proporção entre eles determinarão seu resultado. Para entender um bolo e conseguir encontrar (ou criar) a receita/fórmula ideal, é preciso saber o que cada ingrediente faz em sua composição.

De maneira geral, podemos considerar que:

Farinha e ovo – dão estrutura às massas: agregam os componentes e se solidificam ao assar.

Açúcar e gordura – proporcionam sabor, umidade e leveza.

Farinha de trigo - estrutura

A farinha de trigo é composta de amido e proteínas. A glutenina e a gliadina, dois dos principais componentes proteicos presentes nesse ingrediente, quando em presença de líquido, se ligam criando uma rede: o glúten. Esta substância, em contato com o calor, endurece formando uma massa com elasticidade, que dá estrutura e retém o ar, fazendo com que o bolo cresça.

Para a confecção de bolos, a farinha de trigo deve ser a mais fraca, com menor teor de proteínas (em torno de 8%) para que o resultado seja uma massa leve e fofa. Caso contrário, o excesso de glúten vai deixá-la elástica e densa, resultando em uma textura borrachuda. Se necessário, há como enfraquecer a farinha, misturando-a com féculas como a de batata ou amido de milho, por exemplo. No entanto, o montante adicionado nunca deve ser superior à metade da quantidade de farinha.

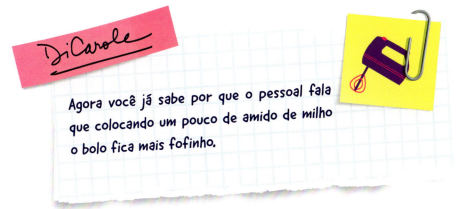

Di Carole: Agora você já sabe por que o pessoal fala que colocando um pouco de amido de milho o bolo fica mais fofinho.

E as outras farinhas?

Há muitas outras opções que podem ser utilizadas na confecção dos bolos: farinhas de arroz, de oleaginosas, de araruta, de coco, de milho (fubá), além de féculas e polvilhos, por exemplo. Cada uma tem sua particularidade e produzirá um resultado diferente no bolo. Vale testar e adaptar conforme seu gosto e necessidade.

Ovo – estrutura e textura

Os ovos são compostos basicamente de proteínas, água e gordura. Em estado líquido, essas proteínas agem como liga para os ingredientes do bolo, e a lecitina, presente na gema, emulsiona líquidos e gorduras, dando mais uniformidade à massa. As claras encapsulam ar e ajudam na expansão, além de se solidificarem ao atingirem a temperatura de aproximadamente 85 ºC, o que faz com que o bolo vire um composto ligado, leve e fofo.

Você sabia que mesmo usando apenas as claras ou as gemas é possível fazer um bolo quase igual ao feito com ovos inteiros?

Caso opte por acrescentar apenas as gemas, a massa ficará mais rica e com mais poros (furinhos de ar). Mas saiba: você vai precisar adicionar algum líquido à receita. Se as escolhidas forem apenas as claras, o seu bolo terá poros maiores, mais expandidos e um bolo mais fofo. No entanto, a ausência da gordura da gema pode deixá-lo mais seco.

Gordura – umidade e leveza

As gorduras (manteiga, margarina, óleo, gordura vegetal) deixam a massa mais fácil de trabalhar, tornam o bolo mais fofo e úmido e agregam sabor (principalmente a manteiga). Esse tipo de ingrediente impermeabiliza a farinha, quebrando as longas redes de glúten e deixando a massa mais quebradiça e macia.

A manteiga em temperatura ambiente é sempre mais usada. Afinal, além das funções já mencionadas, quando batida com o açúcar, forma uma espuma que confere ainda mais leveza/ar na preparação.

Embora as gorduras e óleos sejam as escolhas habituais nas receitas, queijos cremosos, creme de leite, gemas e leite, por conterem uma porcentagem relativamente alta de gordura, podem exercer a mesma função.

Óleo x manteiga

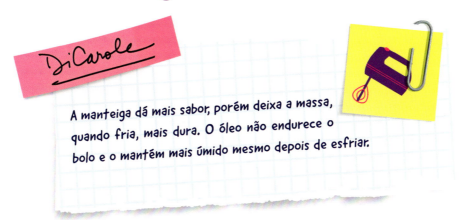

Di Carole: A manteiga dá mais sabor, porém deixa a massa, quando fria, mais dura. O óleo não endurece o bolo e o mantém mais úmido mesmo depois de esfriar.

Açúcar – umidade, sabor e cor

O açúcar ajuda a reter a umidade no bolo, contribuindo também para uma textura macia. Isso ocorre porque o açúcar é higroscópico, ou seja, atrai e retém a água. Assim, a presença desse ingrediente na massa do bolo ajuda a manter a umidade durante o processo de cozimento e também após o bolo ser assado.

Outra característica importante do açúcar é que, ao entrar em contato com a farinha e um líquido, ele se dissolve e "capta" moléculas de água antes da farinha. Desse modo, a farinha fica com menos líquido para formar as redes de glúten. Menos glúten desenvolvido, menos estrutura: a massa fica mais macia.

A cor de um bolo, bem douradinho, também é resultado do uso do açúcar, que carameliza durante o processo de cozimento.

Em resumo, com esses quatro ingredientes (farinha de trigo, ovo, gordura e açúcar) pode-se fazer um sem-número de receitas de bolo. Mas há outros tipos de ingredientes que devemos considerar e conhecer.

Líquidos

Os líquidos (leite, água, sucos) são muito importantes na formulação de uma receita de bolo, pois são imprescindíveis para que se criem as redes de glúten. Mas atenção: a quantidade tem que ser apenas a necessária. O uso excessivo do líquido propiciará excesso de glúten e, por consequência, deixará sua massa mais dura.

Ao serem aquecidos (no forno), os líquidos também irão evaporar e esse vapor auxiliará na leveza e crescimento do bolo. Importante: a quantidade de líquido não tem a ver com a umidade do bolo, pois o ingrediente irá evaporar quando o bolo for assado.

Fermentos

O fermento químico é composto por bicarbonato de sódio (uma base) e um sal ácido em quantidades suficientes para reagirem entre si, além de um pouco de amido para absorver a umidade e impedir que o fenômeno ocorra antes de entrar na massa.

Quando o fermento entra em contato com a umidade e é potencializado com calor ocorre a reação química, que resulta na liberação de dióxido de carbono. Formam-se, então, bolhas de ar na massa que, com o calor, irão expandir e fazer com que seu bolo cresça.

A quantidade de fermento é importante; se usado em excesso, as bolhas que se formam são muito grandes e escapam da massa, podendo fazer com que seu bolo apresente um sabor residual de sal.

O bicarbonato de sódio puro pode também ser usado na falta do fermento, desde que a receita inclua um ingrediente ácido para que a reação ocorra.

Aromatizantes

Os aromatizantes são ingredientes que dão aroma e sabor às receitas, como extratos naturais ou artificiais, chocolate, oleaginosas, especiarias, sucos e polpas de fruta.

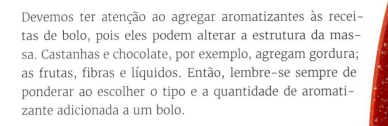

Devemos ter atenção ao agregar aromatizantes às receitas de bolo, pois eles podem alterar a estrutura da massa. Castanhas e chocolate, por exemplo, agregam gordura; as frutas, fibras e líquidos. Então, lembre-se sempre de ponderar ao escolher o tipo e a quantidade de aromatizante adicionada a um bolo.

Resumindo um bolo

É uma massa que precisa estar ligada e ter redes de glúten suficientes para segurar as bolhas de ar que serão inseridas com o uso do fermento e/ou das claras em neve e dos vapores dos ingredientes líquidos. Essas bolhas de ar presas à massa, ao serem aquecidas, vão expandir, fazendo com que o bolo cresça. Os ovos e a farinha são os ingredientes que o mantém firme, a caramelização do açúcar é o que lhe confere cor e o que dá sabor e umidade são o açúcar e a gordura.

além dos ingredientes

2

Não é só com ingredientes de qualidade e bem balanceados que se prepara um bolo gostoso. A temperatura dos ingredientes, do forno, o tipo de fôrma e o que usamos (ou não) para untá-las também são fatores importantes. Por isso, é necessário entender todo o processo. Bora lá!

Fôrmas

Há vários tipos e modelos de fôrmas para assar bolo. Todas funcionam, mas cada uma delas tem uma particularidade.

Fôrmas de alumínio (minhas preferidas sempre!)

O alumínio é um ótimo condutor de calor (esquenta e esfria rápido) e fará com que seus bolos tenham uma cocção homogênea. As fôrmas desse material destacam-se por serem de baixo custo, leves e resistentes, além de serem encontradas em milhares de formatos.

Ainda nesse material há modelos com revestimento antiaderente, que também conduzem bem o calor, sem grudar e sem necessidade de untar. Práticas!

Sejam as básicas redondas, com ou sem fundo removível, ou as superdecoradas, as fôrmas de alumínio nunca te deixam na mão.

Fôrmas de vidro e cerâmica

Mais difíceis de encontrar, essas fôrmas são versáteis, pois podem ser usadas para bolos e outros preparos. As de vidro transparente permitem ainda que você acompanhe visualmente o desenvolvimento da massa no forno.

O vidro e a cerâmica são materiais que demoram mais para aquecer, mas depois de aquecidos retêm bem o calor e proporcionam uma cocção bem homogênea. O calor retido, porém, faz com que a parte externa do bolo fique um pouco mais caramelizada (tostadinha), o que em algumas receitas pode ser delicioso, e em outras, indesejado.

Fôrmas de silicone

O silicone forneável é um material excelente, pois facilita na hora de desenformar. Além disso, é leve, prático e você encontra em diversos modelos e até cores (para deixar sua cozinha linda). No entanto, há uma desvantagem. A fôrma de silicone forneável não conduz bem o calor, o que pode ocasionar uma cocção mais longa do bolo no forno.

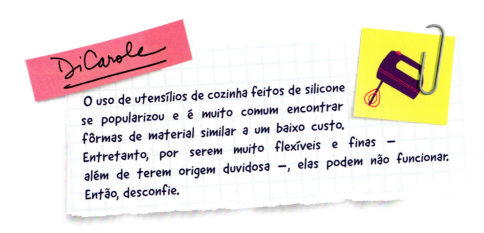

DiCarole

O uso de utensílios de cozinha feitos de silicone se popularizou e é muito comum encontrar fôrmas de material similar a um baixo custo. Entretanto, por serem muito flexíveis e finas – além de terem origem duvidosa –, elas podem não funcionar. Então, desconfie.

E a fôrma de furo no meio?!

Para bolos que não serão recheados, a fôrma de furo no meio é quase sempre a melhor opção. Esse formato permite que o calor penetre no centro do bolo de modo mais uniforme. O ar quente circula também no tubo central, fazendo com que o cozimento seja até mais rápido e bem homogêneo.

Nas massas mais pesadas e com adição de líquidos, esse calor no centro do bolo também ajuda a reduzir a umidade excessiva que pode acumular no centro da massa.

Liquidificador

O liquidificador nem sempre é necessário na produção de bolos. Se você não tiver um, basta um bom mixer de mão.

Batedeira

Toda batedeira faz bolo! A diferença entre modelos e tamanhos tem a ver com agilidade e praticidade apenas. Então não tem desculpa, pode tirar sua batedeira do armário que ela serve sim!

Forno

Como eu sempre digo em aula "forno é como família, cada um tem o seu e o conhece bem". O tipo do forno pode afetar a cocção de um bolo de várias maneiras, seja na distribuição do calor, na ventilação ou até na potência. Explico.

Os fornos convencionais, sejam eles a gás ou elétricos, têm o calor sempre de baixo para cima e promovem uma cocção bem uniforme do bolo, desde que preaquecidos. Já os fornos elétricos por resistência assam por radiação de calor.

Há como regular o calor que vem da parte inferior e o que vem da parte superior do forno. Então, para assar bolos em fornos elétricos, convém aumentar a resistência da parte de baixo e diminuir da parte de cima, evitando que o bolo queime na superfície.

Fornos com convecção são aqueles que têm uma ventoinha interna. Esse modelo é excelente, pois distribui bem o calor e até acelera o processo de cocção, além de deixar o bolo assado uniformemente, evitando a formação de "calombos" na superfície.

A airfryer também é um tipo de forno, sabia? Sua agilidade no preparo de alimentos é consequência de seu tamanho pequeno, alta potência e circulação de ar. Portanto, cuidado! É possível assar bolos nela, porém há de se usar uma temperatura baixa e escolher bolos pequenos, do contrário o centro da massa certamente ficará mal assado.

Em resumo, cada tipo de forno tem características únicas que podem influenciar a cocção de um bolo. Assim, é importante conhecer as particularidades do seu forno e fazer os ajustes necessários nas receitas para obter os melhores resultados.

Medidas

Use sempre medidores para a preparação dos seus bolos. Sejam xícaras e colheres ou balança, as medidas são fundamentais. Há diversos tipos de medidores e balanças disponíveis no mercado, escolha o que lhe parecer mais prático e não largue mais.

DiCarole

Eu adoro um medidor bem simplesinho que tem as medidas em volume (xícaras e mililitros), mas também mostra em gramas a farinha e o açúcar. Acho superútil para quando não tenho balança perto.

Untar ou não untar

Bolos muito fofos, principalmente os esponjosos como pão de ló e chiffon, devem ser untados apenas no fundo (em vez de untar, eu uso sempre um disco de papel-manteiga, porque acho ainda mais eficiente).

Quando o bolo gruda na lateral da fôrma, ele "se segura", evitando que murche ao sair do forno. O excesso de gordura ao untar também faz com que a massa "escorregue" da fôrma, ficando com aparência abaulada.

No entanto, fôrmas decoradas e bolos com massas mais ricas que levam apenas fermento podem sim ser untadas.

Spray desmoldante

Usado para untar com praticidade as fôrmas, o spray desmoldante é uma emulsão de gorduras vegetais (óleos) que substitui o uso de manteiga e farinha.

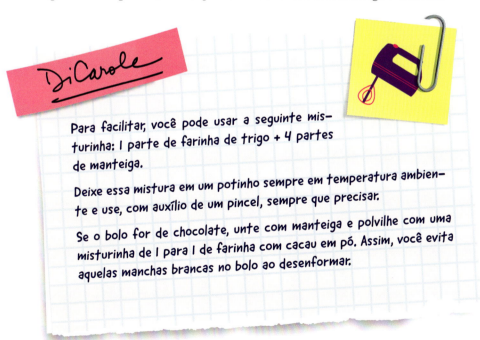

DiCarole

Para facilitar, você pode usar a seguinte misturinha: 1 parte de farinha de trigo + 4 partes de manteiga.

Deixe essa mistura em um potinho sempre em temperatura ambiente e use, com auxílio de um pincel, sempre que precisar.

Se o bolo for de chocolate, unte com manteiga e polvilhe com uma misturinha de 1 para 1 de farinha com cacau em pó. Assim, você evita aquelas manchas brancas no bolo ao desenformar.

3

massas

preparo e

As massas para os bolos

Agora você já entendeu a função que cada ingrediente exerce na receita. Juntos, eles nos oferecem tudo o que é necessário para dar estrutura, dulçor, corpo e formato a uma boa massa de bolo. Mas lembre-se que, mudando a quantidade de cada um e/ou adicionando outros ingredientes, obteremos diferentes resultados.

Como mencionei no início do livro, gostaria que você entendesse o que cada ingrediente faz e o processo para nunca mais ter problemas na hora de escolher a massa e o preparo ideal para o bolo que deseja fazer. Sempre vislumbrando o resultado desejado, claro!

Para fazer um bolo, bastam três ingredientes:

OVO

+AÇÚCAR

+FARINHA DE TRIGO

Com esses três ingredientes prepara-se o **pão de ló** clássico (para mim, o rei dos bolos!), que tem um sabor suave e neutro, relativamente seco, fofo e bastante elástico e esponjoso. A ausência de fermento faz com que essa massa não cresça mais que 30% quando assada.

Além do pão de ló, existe também a **genoise**, que é a massa do pão de ló com adição de um pouco de gordura, geralmente manteiga clarificada.* Fica um pouco mais úmida e saborosa, porém menos elástica.

+ MANTEIGA

+ FERMENTO

Ao adicionar manteiga a esses três ingredientes, teremos o **pound cake**, ou **massa amanteigada**, que é o extremo oposto do pão de ló. Um bolo bem úmido, com bolhas de ar pequenas,

....

* Preparo feito com a manteiga, aquecendo-a em fogo bem baixo, separando a gordura dos sólidos e água nela contidos. Desse modo é possível usar apenas a gordura.

crosta macia, com pouca elasticidade e rico em sabor e corpo, do tipo que desmancha na boca. O pound cake é um bolo que precisa da ajuda do fermento para crescer. Quando assada, a massa cresce cerca de 70%.

+ ÓLEO

+ LÍQUIDO

Substituindo a manteiga por **óleo** e adicionando um líquido, que pode ser leite, iogurte, suco de frutas ou até infusões, fazemos o bolo **chiffon**. Essa é aquela massa que transita entre as duas anteriores, com um resultado fofinho, leve, úmido, elástico e rico em sabor.

Além dessas, há milhares de receitas e variações sobre essas técnicas. Mas tenho certeza de que uma grande parte das receitas de bolo que você tem nos seus livros e cadernos entra em uma dessas categorias mencionadas anteriormente.

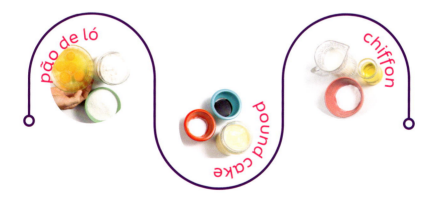

Agora que já sabemos o que cada ingrediente faz na receita, vamos aos tipos, métodos de preparo e melhor maneira de empregar cada massa. Repare que vai ficando cada vez mais fácil. Somando-se as técnicas, vamos ser todos experts em bolos!

Chiffon

É uma massa básica, simples, caseira. Tem um pouco de tudo; elasticidade, umidade, sabor; por isso pode ser usada para a montagem de bolos decorados. O chiffon é, com certeza, o pretinho básico dos bolos! Essa receita fica deliciosa pura com uma cobertura ou para fazer cupcakes. Além disso, é uma massa que pode ir à geladeira.

Não confunda! Tecnicamente há o bolo com a massa chiffon e o bolo assado em fôrma de chiffon. O primeiro é o que expliquei anteriormente, aquele bolo de todo dia e que se adapta bem a várias aplicações. Já o bolo que é assado em fôrma de chiffon tem geralmente mais claras em neve, é assado sem untar e descansa de cabeça para baixo, para esticar ainda mais ao esfriar, resultando em um bolo extrafofo.

Método direto – chiffon e variações

O método direto é um modo de preparo que separa os ingredientes secos dos líquidos e, em seguida, mistura-os. Por ser uma "fórmula" que tem bastante líquido e fermento químico não há necessidade de aeração mecânica. É simples e eficiente!

Peneire os ingredientes secos em uma tigela e reserve. Em outro recipiente, misture apenas os ingredientes líquidos, incluindo os ovos.

Em seguida, junte-os, adicionando sempre o líquido aos secos, aos poucos, e a partir do centro do refratário, para obter uma mistura homogênea.

Há pequenas variações no método chiffon. Algumas receitas, para ficarem mais leves, levam as claras batidas em neve no final ou até o uso da manteiga tostada (noisette) para dar mais sabor.

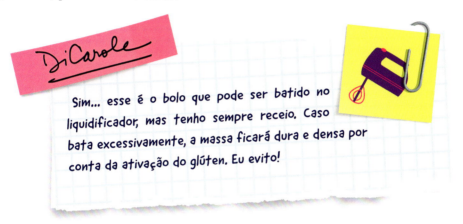

Sim... esse é o bolo que pode ser batido no liquidificador, mas tenho sempre receio. Caso bata excessivamente, a massa ficará dura e densa por conta da ativação do glúten. Eu evito!

Bolo chiffon com claras em neve

INGREDIENTES

- 2 xícaras de farinha de trigo
- 2 xícaras de açúcar
- 1 colher (sopa) de fermento em pó
- 6 ovos
- 1/2 xícara de óleo
- 1/2 xícara de leite
- 1 colher (chá) de extrato de baunilha

PREPARO

Primeiro, preaqueça o forno a 170 ºC. Enquanto isso, peneire junto a farinha, o açúcar e o fermento e reserve. Em outro recipiente, separe as claras de ovo e reserve-as também. Depois, misture os ingredientes líquidos (incluindo gemas) e adicione-os aos poucos à mistura de secos até formar uma massa homogênea. Então, bata as claras em neve e adicione na massa, delicadamente. Por último, leve a massa para assar até que esteja firme e levemente dourada.

Bolo chiffon de iogurte

INGREDIENTES

- 1 1/4 de xícara de açúcar refinado
- 1 1/2 xícara de farinha de trigo
- 1 1/2 colher (chá) de fermento
- 1/2 colher (chá) de bicarbonato
- 2/3 de xícara de óleo
- 2/3 de xícara de iogurte natural
- 1 colher (chá) de extrato de baunilha
- 4 ovos

PREPARO

Comece o preparo preaquecendo o forno a 170 °C. Enquanto isso, peneire os ingredientes secos e reserve. Em outro recipiente, misture o óleo, o iogurte, o extrato de baunilha e os ovos e bata ligeiramente. Junte os secos ao preparo líquido com o auxílio de um fouet até a mistura ficar bem homogênea. Leve para assar em fôrma untada até que a massa esteja firme e levemente dourada.

Massas e preparo 47

Pão de ló

A elasticidade do pão de ló irá auxiliá-lo no preparo de bolos com camadas finas, pois pode ser cortado com facilidade sem quebrar. Esse tipo de massa é ideal também para rocamboles, além de ser uma excelente base de tortas e sobremesas (como torta mousse ou pavê). Por ser seco, o pão de ló gosta de montagens com bastante calda e recheio, não sendo indicado para ocasiões em que se deseja comer um bolo puro.

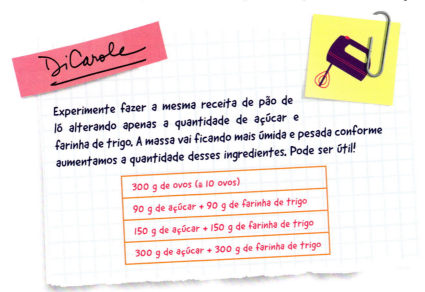

DiCarole

Experimente fazer a mesma receita de pão de ló alterando apenas a quantidade de açúcar e farinha de trigo. A massa vai ficando mais úmida e pesada conforme aumentamos a quantidade desses ingredientes. Pode ser útil!

| 300 g de ovos (≅ 10 ovos) |
| 90 g de açúcar + 90 g de farinha de trigo |
| 150 g de açúcar + 150 g de farinha de trigo |
| 300 g de açúcar + 300 g de farinha de trigo |

Método espumoso - pão de ló e variações

O método espumoso é um modo de preparo que cria uma textura leve e aerada na massa. Também chamada de egg-foaming, essa técnica usa o ovo como agente de crescimento, encapsulando as bolhas de ar ao bater os ovos, principalmente as claras, com ou sem açúcar. Esse processo é perfeito para o pão de ló, que tem o ovo como ingrediente principal.

Coloque na batedeira os ovos e o açúcar para bater até triplicarem de volume. Em seguida, desligue a batedeira e peneire a farinha de trigo sobre a espuma que se formou. Por último, envolva-a delicadamente até a mistura ficar homogênea.

Observações:

- Use os ovos em temperatura ambiente;

- Ao adicionar a farinha de trigo, faça-o com delicadeza, porém de modo ágil para que não se formem grumos;

- Nunca unte a lateral da fôrma, para que o bolo não encolha ao assar;

- Caso necessite de uma espuma mais estável, ou se os ovos estiverem gelados (um dia bem frio, por exemplo), aqueça-os, em banho-maria, com o açúcar.

Pão de ló

INGREDIENTES

- 5 ovos inteiros
- 1 xícara de açúcar refinado
- 1 1/4 de xícara de farinha de trigo

OPCIONAIS

+ gordura (genoise) → até 60 g de manteiga derretida

+ chocolate → substituir 4 colheres (sopa) de farinha de trigo por chocolate (ou cacau) em pó

PREPARO

Comece o preparo preaquecendo o forno a 200 ºC. Em seguida, forre o fundo da fôrma com papel-manteiga. (Não unte a fôrma.) Então, bata os ovos com o açúcar até a mistura triplicar de volume. Em sequência, adicione a farinha cuidadosamente para não perder as bolhas de ar (1/3 + 2/3). Por último, asse em forno preaquecido a 180 ºC por aproximadamente 20 minutos ou até a massa estar seca e levemente dourada.

Pound cake

Essa massa é perfeita para ser consumida pura, só com uma cobertura, pois é úmida e saborosa. Entretanto, por ser uma receita com grande quantidade de manteiga, o bolo apresenta uma estrutura quebradiça (desmancha na boca). Assim, torna-se difícil de cortar, não sendo indicado para bolos recheados. O peso também dificulta o processo de rechear, a não ser que o recheio seja bem firme.

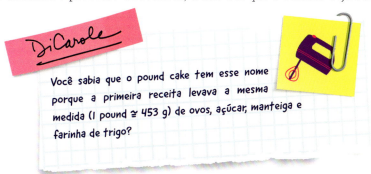

Você sabia que o pound cake tem esse nome porque a primeira receita levava a mesma medida (1 pound ≅ 453 g) de ovos, açúcar, manteiga e farinha de trigo?

Para confeccionar bolos esculpidos, é a massa ideal, pois a manteiga faz com que o bolo endureça, quando armazenado em geladeira, ficando superfácil para cortar em diversos formatos. É pura lógica. O pound cake também é o queridinho dos cupcakes e bolos de tabuleiro.

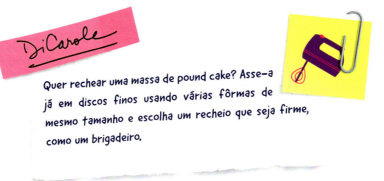

Quer rechear uma massa de pound cake? Asse-a já em discos finos usando várias fôrmas de mesmo tamanho e escolha um recheio que seja firme, como um brigadeiro.

Método cremoso – pound cake e variações

O método cremoso é uma técnica que resulta em uma massa mais leve e fofinha. Para criar essa textura que desmancha na boca, é necessário aerar a manteiga e o açúcar. Para massas com alto teor de manteiga, como o pound cake, este é o modo de preparo ideal.

Bata a manteiga em temperatura ambiente com o açúcar até que adquiram volume e fiquem claros – quase como um chantili. Então, adicione os ovos aos poucos, ou um a um, ainda na batedeira, batendo até que sejam incorporados. Fora da batedeira, peneire a farinha de trigo com o fermento e misture manualmente.

Caso haja líquido, este deverá ser adicionado alternadamente com a farinha de trigo.

Pound cake

INGREDIENTES

- 1 1/4 de xícara de manteiga
- 1 xícara de açúcar
- 1 colher (chá) de extrato de baunilha
- 5 ovos
- 2 xícaras de farinha de trigo
- 1/2 colher (sopa) de fermento em pó

PREPARO

Primeiro, preaqueça o forno a 170 ºC. Enquanto isso, bata muito bem a man-teiga com o açúcar e a baunilha. Depois, junte os ovos, um a um e bata mais um pouco. Retire da batedeira e acrescente a farinha de trigo peneirada com o fermento, aos poucos e delicadamente. Então, leve para assar até que a massa esteja firme e levemente dourada.

DiCarole

Não se assuste ao começar a colocar a manteiga, a impressão é que todo o creme desmonta. Isso ocorre porque a gordura destrói as bolhas de ar formadas pelas claras, mas ao colocar mais manteiga o creme vai encorpando e chega na textura.

Importante:

- Use todos os ingredientes em temperatura ambiente;

- Evite bater a farinha de trigo excessivamente para não ativar o glúten;

- Essa massa aceita a adição de aromatizantes e ingredientes sólidos, mas lembre-se de que ela já é rica em manteiga. Evite excesso de castanhas, coco, chocolate em barra ou ingredientes com alto teor de gordura.

Também não podemos nos esquecer destas receitas:

- Massa de oleaginosas: a maior parte das massas aeradas, à base de ovos, leva farinha de castanhas (oleaginosas) no lugar de farinha de trigo. O resultado é uma massa leve, saborosa e semielástica, ideal para a montagem de bolos em camadas.

- Biscuit: similar ao pão de ló, leva mais açúcar e é muito usada em bases da confeitaria clássica.

- Cheesecake: sim, é bolo! Mas leva o creme de queijo no lugar da farinha de trigo, conferindo-lhe uma textura cremosa, de torta!

- Brownie: aquele bolo que não deu muito certo, mas arrasou! Tem uma quantidade alta de gordura (manteiga e chocolate) e pouca farinha, ficando com textura cremosa e sabor rico e intenso.

E tantas outras...

O glúten e o bolo

O glúten desempenha um papel importante na estrutura e na textura de pães e massas. Em bolos, é geralmente preferível minimizar o desenvolvimento do glúten para obter uma textura mais leve e macia. Afinal, sua formação excessiva pode resultar em uma massa elástica e com uma textura mais densa e pesada. Isso ocorre porque o glúten proporciona elasticidade à massa e pode formar uma estrutura de rede forte demais, impedindo o crescimento adequado do bolo. Além disso, uma massa com pouco glúten terá uma textura mais macia e uma distribuição de gases mais fácil durante o processo de cozimento.

manual definitivo 4
para **arrasar** nas **massas** de **bolo**

Agora que você já entendeu tudo sobre os bolos e suas massas, preste atenção nessas dicas. Já pode preaquecer o forno!

- Leia a receita! Pode parecer uma dica boba, mas ler e entender previamente a receita que vai ser executada é fundamental, pois irá te dar a orientação dos seus passos: os ingredientes utilizados, o tempo necessário, os utensílios e equipamentos. Leia a receita como se fosse um roteiro, entendendo bem cada etapa para não ter surpresas no meio do caminho.

- Organização é essencial. Antes de começar qualquer preparo, separe e pese os ingredientes. Também é importante ter todos os equipamentos e utensílios à mão.

- Preaqueça o forno, sempre! Para o bolo crescer lindo, as bolhas de ar que se formam durante o preparo precisam de calor para expandir. Por serem instáveis, quanto antes elas receberem calor, melhor. Se uma massa espera demais para ser aquecida (assada), muitas bolhas podem se desmanchar, e o bolo não crescerá bem. O tempo necessário para preaquecer o forno é de cerca de 15 a 20 minutos.

DiCarole

Eu sempre ligo o forno quando começo a separar os ingredientes, assim, torna-se um hábito. Vai fazer bolo, já entra na cozinha ligando o forno. E na temperatura certa! Já me aconteceu de deixar o forno bem quente para aquecer rapidinho e acabar esquecendo. Resultado, bolo queimado em minutos...

Na dúvida, 180 ºC! Essa é a temperatura média de praticamente todas as receitas de bolo. Receitas leves pedem forno mais alto, de 200 ºC a 210 ºC, enquanto bolos de massa pesada e com mais gordura vão performar melhor a 160 ºC ou 170 ºC.

- Asse sempre o bolo na prateleira central do forno, onde o calor é mais uniforme.

- Não existe tempo exato para o cozimento. Cada forno tem suas particularidades e até a temperatura do dia pode alterar o tempo de cocção de uma massa. O bolo deve assar até ficar firme e ligeiramente dourado. Esse é o tempo!

- Evite abrir o forno durante a cocção. O bolo no forno está recebendo calor e as bolhas de ar nele retidas estão sendo aquecidas para expandir. Se durante esse processo você abre o forno e há a entrada de ar frio, a cocção é interrompida. Assim, caso a massa não esteja firme/estabilizada, as bolhas "caem" e não voltam mais a expandir. Resultado, bolo solado.

- Está pronta? Na grande maioria das vezes, a receita estará pronta quando sua cozinha estiver com cheirinho de bolo assado e a massa estiver firme. Eu sempre dou uma "balançadinha" no forno antes de abrir para conferir. Funciona.

- Se o bolo estiver douradinho, mas ainda cru por dentro (mole), abaixe a temperatura do forno (em torno de 30 graus a menos) e deixe assar até firmar.

- Antes de começar a bater a massa, prepare a fôrma untando ou colocando papel-manteiga no fundo. A massa pronta não pode esperar!

- Deixe todos os ingredientes em temperatura ambiente: leite, manteiga, ovos e o que mais for usado.

- Ao depositar a massa na fôrma, não é necessário alisar nem bater no recipiente. Esses movimentos podem contribuir para a perda de bolhas de ar, que não queremos. Não se preocupe, a massa se ajeita na fôrma assim que começa a aquecer no forno.

- Quando for escolher o tamanho da fôrma a ser utilizada, considere que massas que não levam fermento crescem cerca de 20% a 30% apenas. Então, se você quer um bolo alto, pode encher a fôrma sem medo de transbordar. Os bolos que levam fermento tendem a dobrar de volume, logo preencher até um pouco mais da metade da fôrma será o suficiente.

- A ação do fermento químico ocorre ao entrar em contato com a massa e sob ação do calor. É pura química! Para não comprometer esse processo, procure adicionar o fermento à receita apenas no final do preparo e leve a massa ao forno imediatamente.

- Qualquer bolo, se assado demais, vira biscoito! Por isso, ajuste a temperatura para que ele fique no forno apenas o tempo necessário. Para a massa não ressecar, evite temperatura baixa por muito tempo ou deixar dourar demais.

- Tenha cuidado ao substituir ingredientes em uma massa. Certifique-se de que eles têm a mesma função. Por exemplo, a manteiga tem 20% de soro na sua composição, já o óleo é 100% composto de gordura. Logo, ao substituir manteiga por óleo é necessário reduzir a quantidade de óleo e adicionar um pouco de líquido para obter resultado semelhante.

- O teste do palito. Só deve ser feito quando você estiver seguro de que a massa firmou. O palito deve sair sequinho. Se estiver com massa grudada significa que o bolo ainda está cru no centro. E aí? Volte imediatamente o bolo ao forno, na mesma temperatura.

- Sempre que precisar abrir o forno para checar o cozimento de uma massa faça-o com bastante agilidade. Quanto menos tempo melhor para não haver perda de calor.

- Desenforme o bolo ainda morno. Quando ele esfria completamente as gorduras solidificam e a massa pode grudar na fôrma.

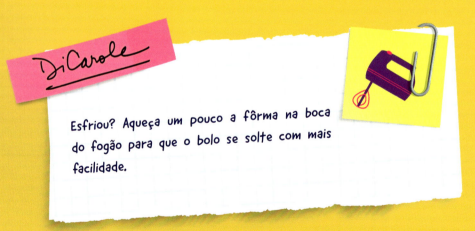

DiCarole

Esfriou? Aqueça um pouco a fôrma na boca do fogão para que o bolo se solte com mais facilidade.

- Corte sempre o bolo com faca de serra e espere que ele esteja completamente frio para tal. Se você gosta de bolo quentinho, entenda que antes de esfriar ainda há vapor dentro da massa e, ao cortar, você pode ter a impressão de que ele ainda está cru.

Armazenamento e congelamento

Bolos de massas ricas em gordura devem ser mantidos em temperatura ambiente. Na geladeira, eles endurecem. Caso seja necessário mantê-los sob refrigeração, lembre-se de tirar um pouco antes ou aquecer em forno antes do consumo.

Toda massa de bolo e/ou cupcake pode ser congelada depois de assada. Para isso, espere esfriar e então congele em recipiente bem fechado, de preferência, coberto com filme plástico e com uma etiqueta com a data.

A durabilidade no freezer é de 2 meses. Quando for usar, retire o bolo do freezer e deixe descongelar ainda embalado. Só abra quando estiver em temperatura ambiente. Isso evita que "sue" e fique úmido na superfície.

as coberturas

5

Escolher a cobertura certa para seu bolo ou cupcake é importante para que haja equilíbrio. Para isso, deve-se considerar fatores como sabor, aparência e textura. A finalização escolhida deve complementar a massa.

As coberturas molhadinhas são ideais para bolos mais secos, pois penetraram na massa. Já as caldas menos doces vão ficar perfeitas com uma casquinha de glacê de açúcar. Bolos que precisam ser embelezados serão salvos por uma farta cobertura de merengue ou ganache. As possibilidades são infinitas, vou listar aqui algumas delas.

Fondant de açúcar

É uma cobertura fluida feita basicamente de açúcar e água. Algumas receitas incluem glucose e/ou gordura, suco de frutas e até gelatina. O fondant de açúcar pode ser colorido e destaca-se por ter um acabamento simples e eficiente.

Merengue

É resultado da mistura de clara de ovo com o açúcar. Há três tipos de merengue:

Francês: é o merengue cru, o mais instável de todos e muito usado no preparo de suspiros ou em receitas que passarão por cozimento. Proporção básica: 1:2 (clara e açúcar).

Suíço: é cozido em banho-maria ou em fogo baixo até que o açúcar se dissolva. Esse é o tipo mais brilhante e fácil de fazer. Uma vez que o açúcar tenha se dissolvido na clara pela ação do calor, a mistura deve ser batida até esfriar e formar uma espuma brilhante e firme. Proporção básica: 1:2 (clara e açúcar).

Italiano: é o merengue mais utilizado comercialmente, já que o calor pasteuriza as claras, o que torna o consumo mais seguro e o produto mais durável. É mais denso em razão do cozimento das claras e tecnicamente mais difícil de preparar. Deve-se fazer uma calda de açúcar e água a 115 °C e, aos poucos, juntá-la às claras em neve, sem parar de bater, até esfriar. Proporção básica: 500 g de açúcar + 200 ml de água + 6 claras.

Ganaches

Frequentemente usada em recheio de trufas, a ganache é uma cobertura feita com poucos ingredientes e ainda pode ser aromatizada de inúmeras maneiras. No entanto, é uma receita tecnicamente complexa, pois envolve a mistura de gordura, líquido, açúcar dissolvido e sólidos. Um preparo inadequado pode fazer com que a cobertura se "separe", criando uma mistura gordurosa e quebrada. Os principais fatores que ocasionam a quebra da ganache são excesso de gordura ou temperaturas instáveis. Além disso, se não for muito bem trabalhada, não atingirá seu ponto ideal "derrete na boca".

A combinação mais utilizada é a de creme de leite com chocolate. Entretanto, também podem ser consideradas ganaches misturas feitas com chocolate e caldas doces, manteiga, vinhos, sucos ou até mesmo água.

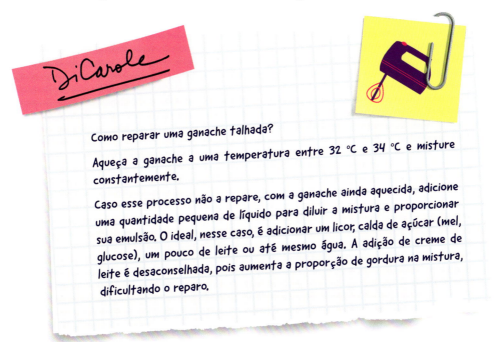

DiCarole

Como reparar uma ganache talhada?

Aqueça a ganache a uma temperatura entre 32 °C e 34 °C e misture constantemente.

Caso esse processo não a repare, com a ganache ainda aquecida, adicione uma quantidade pequena de líquido para diluir a mistura e proporcionar sua emulsão. O ideal, nesse caso, é adicionar um licor, calda de açúcar (mel, glucose), um pouco de leite ou até mesmo água. A adição de creme de leite é desaconselhada, pois aumenta a proporção de gordura na mistura, dificultando o reparo.

Creme de manteiga

Preparação clássica usada como cobertura e recheio de bolos e sobremesas, o creme de manteiga é resultado da mistura da clara ou gema do ovo com açúcar e manteiga. A base para o preparo é sempre um merengue italiano ou um "merengue de gema" feito da mesma maneira que o de clara. Esse creme pode ser aromatizado com licores ou essências, especiarias e raspas de casca de frutas cítricas e colorido de acordo com o uso que terá. É rico em sabor e deve levar ingredientes de primeira qualidade.

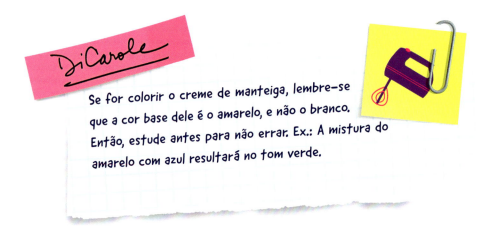

Di Carole

Se for colorir o creme de manteiga, lembre-se que a cor base dele é o amarelo, e não o branco. Então, estude antes para não errar. Ex.: A mistura do amarelo com azul resultará no tom verde.

Creme de queijo

Muito comum nos Estados Unidos, é um creme à base de gema, açúcar e cream cheese (queijo cremoso). Uma combinação deliciosa e leve em que a acidez do queijo é quebrada pelo açúcar. Pode ser colorido ou aromatizado e fica mais sutil se empregado em pequenas quantidades.

Chantili

Feito com creme de leite fresco batido, açúcar e baunilha, o chantili é leve, fofo e delicioso. Rico em gordura, proporciona umidade no bolo e pode ser saborizado e colorido. Além de cobrir, é um acompanhamento perfeito para um bolo simples.

Caldas

As caldas são perfeitas para complementar os bolos e as possibilidades são infinitas: chocolate, caramelo, frutas, creme inglês, mel. A densidade da calda será o ponto importante ao escolher uma para seu bolo. Há aquelas que firmam e deixam aquele "drip" lindo, aquelas que penetram na massa e até as com textura. Ao decidir qual usar, lembre-se que a calda deve contribuir para o equilíbrio do bolo como um todo.

> Saudável, gostoso e fácil de fazer, o Banana bread é uma versão mais "massuda" de um bolo de banana, que, para mim, tem bossa de sobremesa e todo mundo tem que saber fazer (ou ter uma boa receita).

INGREDIENTES

- 1/2 xícara de açúcar refinado
- 1 xícara de banana-nanica amassada
- 2 ovos
- 1/2 xícara de açúcar mascavo
- 3 colheres (sopa) de mel
- 1/2 colher (chá) de canela em pó
- Pitada de sal
- 1 colher (chá) de extrato de baunilha
- Pitada de noz-moscada
- 1/2 xícara de manteiga
- 1/2 xícara de creme de leite
- 1 limão (apenas o suco)
- 1 xícara de farinha de trigo
- 1/2 xícara de aveia em flocos
- 1 1/2 colher (chá) de fermento
- 1 colher (chá) de bicarbonato
- 1/2 xícara de nozes picadas

PREPARO

Preaqueça o forno a 170 ºC. Em uma frigideira, coloque o açúcar refinado para derreter e, assim que caramelizar, adicione a banana amassada e misture bem. Reserve. Em seguida, bata no liquidificador os ovos, o mascavo, o mel, as especiarias (canela, sal, baunilha e noz-moscada), a manteiga, o creme de leite e o suco de limão. Em uma tigela à parte, peneire a farinha de trigo e adicione a aveia, o fermento e o bicarbonato. Então, junte a mistura líquida à seca, mexendo bem para evitar a formação de grumos. Em seguida, adicione as nozes, a banana caramelada e a aveia. Leve para assar até que esteja dourado e firme. Desenforme e finalize com merengue suíço maçaricado (ver capítulo *As coberturas*).

Receitas | 73

> Banoffee está na moda, e o motivo é fácil de entender: a junção de banana e doce de leite é perfeita. Por isso, um bolo em homenagem.

INGREDIENTES

- Manteiga e açúcar para untar e polvilhar
- 6 a 8 bananas-nanicas
- 1 limão-taiti
- 4 ovos
- 1 xícara de manteiga integral sem sal
- 3 3/4 de xícara de açúcar refinado
- 1/2 xícara de leite integral
- 3 1/3 de xícara de farinha de trigo
- 1/2 xícara de uvas-passas pretas
- 1 1/2 colher (sopa) de fermento em pó
- 1 colher (chá) de canela em pó
- 2 xícaras de creme de leite fresco
- 2 xícaras de doce de leite

PREPARO – método cremoso

Preaqueça o forno a 180 ºC. Enquanto isso, separe uma fôrma quadrada de fundo removível, unte bem com manteiga e polvilhe açúcar. Corte as bananas em rodelas de cerca de 3 cm de altura e arrume-as no fundo da fôrma. Regue com o suco de 1 limão e reserve. Bata na batedeira os ovos, a manteiga e o açúcar até que fique uma mistura clara. Em seguida, adicione a metade do leite e bata mais um pouco para misturar bem. Vá intercalando o restante do leite e a farinha, ainda na batedeira. Retire da batedeira e acrescente, as uvas-passas, o fermento e a canela em pó, misturando-os à massa. Então, despeje o conteúdo sobre a fôrma com bananas e leve para assar até que o bolo esteja firme e levemente dourado. Desenforme e transfira o bolo para o prato de serviço. Cubra com creme de leite fresco batido em ponto de chantili e finalize com um fio de doce de leite.

 Esse bolo é untado apenas no fundo da fôrma, que precisa ter fundo removível!

> Pensa em um bolo bom: levemente crocante, denso e supersaboroso. A mistura dos cítricos é uma sugestão que ficou superlegal, mas se você quiser usar um só superfunciona também. A cobertura é sensacional e serve para outros bolos também.

INGREDIENTES

Massa

- 1 xícara de manteiga
- 1 1/3 de xícara de açúcar demerara
- 2 colheres (sopa) de licor de laranja
- 2 colheres (sopa) de raspas de limão-siciliano, limão--taiti, limão-galego, laranja e tangerina misturadas
- 3 ovos
- 1 1/2 xícara de farinha de amêndoas
- 1 xícara de farinha para polenta
- 1 colher (chá) de fermento

Calda de manteiga com vinho branco

- 1/2 xícara de manteiga
- 1 xícara de açúcar
- 1/4 de xícara de vinho branco

PREPARO – método cremoso

Massa

Preaqueça o forno a 160 ºC. Unte a fôrma com manteiga e reserve. Na batedeira, faça um creme leve e fofo com a manteiga, o açúcar, o licor e as raspas dos cítricos. Em seguida, adicione os ovos, um de cada vez e reserve. Em uma tigela pequena, misture a farinha de amêndoas, a polenta e o fermento em pó. Em sequência, retire da batedeira e junte a mistura seca ao creme de manteiga, delicadamente. Asse até que a superfície esteja levemente dourada e o bolo comece a se soltar ligeiramente dos lados da fôrma. Retire o bolo do forno e empregue a calda nele ainda quente. Sirva com iogurte dessorado.

Calda

Coloque os ingredientes em uma panela e cozinhe, mexendo até que o açúcar dissolva (cerca de 5 minutos).

Esse bolo é todo untado.

Quem nunca precisou de um bolo para já?! Seja para matar a vontade ou para uma celebração de última hora, esse Bolo colorido funciona e é gostoso. Tire os confeitos e troque por cacau em pó e terá um bolo de chocolate em 3, 2,1. Rende uma caneca grande.

INGREDIENTES

- 2 colheres (sopa) de manteiga
- 5 colheres (sopa) de farinha de trigo comum
- 2 colheres (sopa) de açúcar
- 1/2 colher (chá) de fermento
- 1 colher (sopa) de confeitos coloridos
- 2 colheres (sopa) de leite
- 1/2 colher (chá) de extrato de baunilha
- 1 gema

PREPARO

Escolha uma caneca bem linda de cerca de 300 ml de capacidade. Derreta a manteiga no micro-ondas (pode usar a própria caneca onde o bolo será cozido). Então, em uma tigelinha, coloque a farinha, o açúcar, o fermento e os confeitos e reserve. Em outra, misture o leite com a manteiga derretida e acrescente, o extrato de baunilha e a gema. Despeje a mistura líquida sobre os secos, misturando bem com a ajuda de um garfo. Em seguida, coloque a massa na caneca e leve ao micro-ondas por 1 minuto e 30 segundos em potência média (pode ser necessário mais um intervalo de 30 segundos). Você saberá que o bolo está pronto quando a parte de cima estiver firme ao toque.

> Outra daquelas de comer de colher direto da fôrma. Com o creme inglês, essa receita fica ainda melhor – complementa a massa e deixa chique para qualquer ocasião.

INGREDIENTES

Massa

- 1/3 de xícara de manteiga sem sal
- 2 xícaras (300 g) de chocolate meio amargo em pedaços
- 1 1/2 xícara de creme de leite fresco
- 1/4 de xícara de glucose de milho
- 6 ovos
- 1/4 de xícara de açúcar mascavo
- 1 pitada de sal

Creme inglês

- 2 xícaras de creme de leite fresco
- 1/2 fava de baunilha (corte ao meio e raspe as sementes)
- 1/4 de colher (café) de raspas de limão-siciliano (é bem pouquinho mesmo)
- 4 grãos de café
- 3/4 de xícara de açúcar
- 6 gemas

PREPARO – método direto

Massa

Preaqueça o forno a 180 ºC. Enquanto isso, em uma tigela, derreta a manteiga e o chocolate em banho-maria ou no micro-ondas. Junte os demais ingredientes (creme de leite, glucose, ovos, açúcar mascavo, sal) e mexa bem até ficar homogêneo. Distribua a massa na fôrma e asse até criar uma casquinha seca, sem deixar cozinhar demais.

Creme

Enquanto a massa está no forno, prepare o creme inglês. Em uma panela, ferva o creme de leite, a fava de baunilha, as raspas de limão, os grãos de café e metade do açúcar. Enquanto isso, misture bem com um fouet as gemas e o açúcar restante. Despeje aos poucos a mistura de creme de leite sobre as gemas, mexendo sem parar. Volte a mistura para a panela e cozinhe em fogo baixo, sem deixar ferver e mexendo sempre, por mais alguns minutos, até que o creme esteja levemente espesso (cobrindo as costas da colher). Retire o creme imediatamente da panela (o calor residual pode fazê-lo "talhar") e transfira para outro recipiente, peneirando.

Esse bolo é feito em refratário ou na fôrma para servir, sem untar nem o fundo.

Receitas | 81

> Não é cuca! É uma massa deliciosa que você pode fazer até misturando as frutas e sem a crosta, transformando a receita em uma sobremesa do tipo bolo/torta, que eu amo.

INGREDIENTES

Massa

- 3/4 de xícara de óleo de milho
- 1 xícara de iogurte natural
- 4 ovos
- 2 xícaras de farinha de trigo
- 1 3/4 de xícara de açúcar
- 1 colher (sopa) de fermento
- 100 g de framboesas
- 100 g de amoras
- 200 g de mirtilos
- Farinha de trigo para polvilhar

Crumble

- 1 xícara de farinha de trigo
- 3/4 de xícara de açúcar
- 1 colher (chá) de canela em pó
- 1/4 de xícara de manteiga gelada

PREPARO – método direto

Massa

Preaqueça o forno a 170 ºC. Enquanto isso, unte o fundo removível da fôrma a ser utilizada. Com o auxílio de um fouet, misture o óleo, o iogurte e os ovos em uma tigela. Em seguida, peneire a farinha, o açúcar e o fermento e junte-os, aos poucos, à mistura dos líquidos, mexendo bem para evitar a formação de grumos. Coloque a massa na fôrma. Então, polvilhe as frutas com farinha de trigo e bote-as por cima da massa, cobrindo com a farofa crumble. Então, leve para o forno e aguarde até que a massa esteja firme e a crosta, dourada.

Crumble

Comece misturando os ingredientes secos (farinha de trigo, açúcar e canela). Em seguida, acrescente a manteiga gelada com a ponta dos dedos até obter um composto homogêneo e soltinho. Reserve.

Aqui você pode usar as frutas frescas ou congeladas, assim como mudar a composição usando as de sua preferência.

Esse bolo é untado apenas no fundo, mas caso você faça já no refratário em que irá servir, não é necessário untar.

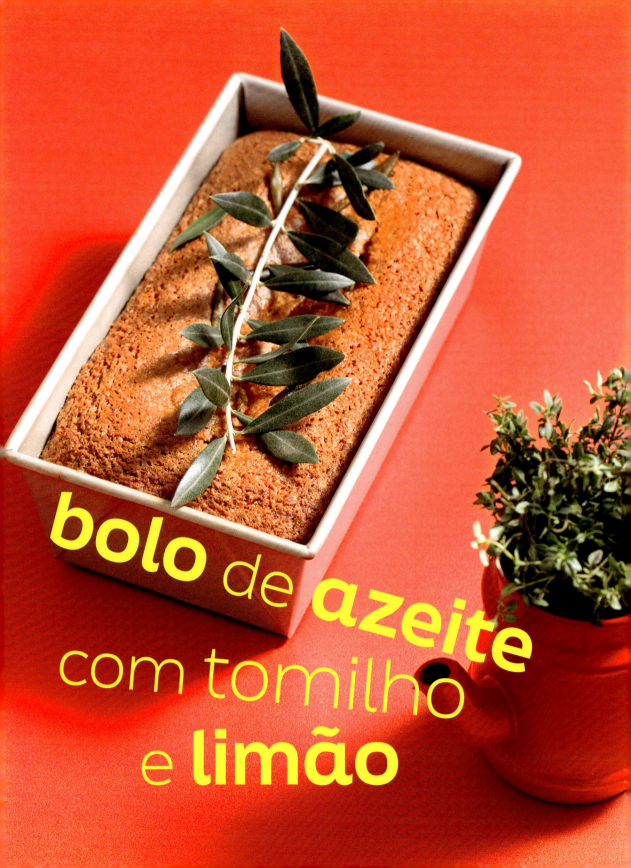

> Esse bolo nasceu durante uma aula, quando eu explicava que o pound cake pode ser aromatizado com quase qualquer coisa, inclusive ervas. Diferente, sempre surpreendente, essa receita fica uma delícia ainda morninha e não gosta de ser guardada na geladeira.

INGREDIENTES

- 1 xícara de manteiga
- 1 1/2 xícara de açúcar
- 4 colheres (sopa) de azeite extravirgem
- 1 colher (sopa) de folhas de tomilho fresco
- 1 colher (chá) de extrato de baunilha
- Raspas de 1/2 limão-siciliano
- 4 ovos
- 2 xícaras de farinha de trigo
- 1 1/2 colher (chá) de fermento em pó
- Açúcar de confeiteiro para polvilhar

PREPARO – método cremoso

Preaqueça o forno a 170 °C. Na batedeira, utilizando o acessório raquete, bata muito bem a manteiga com o açúcar. Adicione então o azeite, o tomilho, a baunilha e as raspas de limão para aromatizar. Em seguida, junte os ovos, um a um e bata mais um pouco. Fora da batedeira, acrescente a farinha de trigo peneirada com o fermento. Leve para assar em fôrmas previamente untadas com manteiga e papel-manteiga no fundo. Asse por cerca de 50 minutos ou até que estejam cozidos e levemente dourados. Faça o teste do palito. Desenforme ainda morno e polvilhe com açúcar de confeiteiro para decorar.

 Esse bolo é untado apenas no fundo, a não ser que seja uma fôrma decorada!

> De todas as massas básicas que já fiz, esta é a minha preferida.

INGREDIENTES

- 2 1/4 de xícara de farinha de trigo peneirada
- 2 colheres (sopa) de fermento em pó
- 1 pitada de sal
- 130 g de manteiga sem sal em temperatura ambiente (1/2 xícara e 2 colheres [sopa])
- 1 1/4 de xícara de açúcar
- 3 gemas
- 1 colher (sopa) de essência de baunilha
- 3/4 de xícara de leite

PREPARO – método cremoso

Preaqueça o forno a 170 ºC. Em uma tigela, junte a farinha, o fermento e o sal e reserve. Em outra tigela, bata com a batedeira a manteiga e o açúcar até obter uma mistura cremosa. Junte as gemas uma a uma e bata bem. Acrescente a essência de baunilha. Fora da batedeira misture aos poucos e alternadamente o leite e a mistura de ingredientes secos, até formar uma massa densa e homogênea. Leve ao forno e asse até que a massa esteja cozida e levemente dourada.

> Esse bolo é untado apenas no fundo, a não ser que seja uma fôrma decorada!

Essa receita leva mirtilo (blueberry), mas já fiz com quase todo tipo de fruta (banana, abacaxi, manga...) e funciona!

INGREDIENTES

- 1 1/2 xícara de mirtilo fresco ou congelado
- 1 xícara de óleo de milho
- 1 potinho de iogurte natural (200 g)
- 4 ovos
- 2 xícaras de farinha de trigo peneirada
- 1 1/2 xícara de açúcar
- 1 colher (sopa) de fermento em pó

PREPARO – método direto

Preaqueça o forno a 180 °C. Caso vá utilizar mirtilo congelado, retire do freezer com 24 horas de antecedência e deixe descongelar na geladeira, colocando-os em uma peneira sobre uma tigela para eliminar toda a água. Com um fouet, misture em outro recipiente o óleo, o iogurte e os ovos. Em uma vasilha à parte, peneire e misture a farinha, o açúcar e o fermento. Aos poucos, junte os ingredientes secos à mistura de líquidos, mexendo bem para evitar a formação de grumos. Passe os mirtilos em um pouco de farinha de trigo e junte à massa, misturando delicadamente. Enforme e asse até que a massa esteja cozida e levemente dourada.

Esse bolo é todo untado.

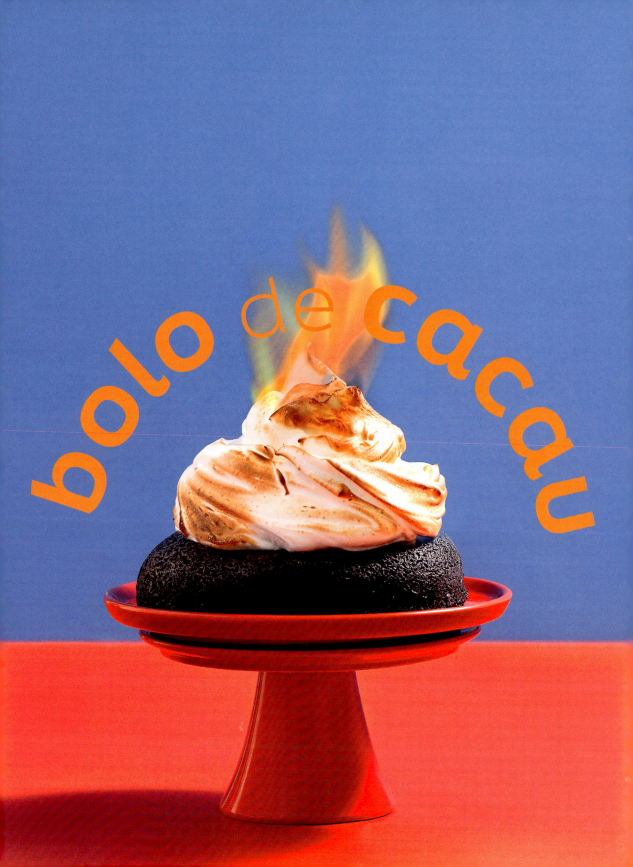

> Esse eu amo porque fica com a massa bem escura e tem sabor intenso. A ideia aqui foi transformar em uma sobremesa incrível montando com sorvete e merengue queimado (um tipo de baked alaska). Usei também cacau black, que está super em alta e deixa a massa com uma cor mais intensa.

INGREDIENTES

- 2 ovos
- 3 colheres (sopa) de óleo de milho
- 2 xícaras de açúcar refinado
- 1 colher (sopa) de café em pó solúvel
- 1 xícara de água quente
- 1 1/2 xícara de farinha de trigo
- 2/3 de xícara de cacau em pó (tipo black)
- 1 colher (chá) de fermento em pó
- 1 colher (chá) de bicarbonato de sódio

PREPARO – método cremoso

Preaqueça o forno a 180 ºC. Em seguida, forre o fundo da fôrma com um pedaço de papel-manteiga. Na batedeira, coloque os ovos e, com o auxílio do batedor do tipo globo, comece a bater. Aos poucos, adicione o óleo em fio. Diminua a velocidade e junte o açúcar, o café solúvel e depois a água quente. Fora da batedeira, adicione a farinha peneirada com o cacau, o fermento e o bicarbonato. Misture a massa delicadamente até ficar homogênea. Então, asse até que esteja firme.

Sugestão de serviço:

1 pote de cerca de 1,5 kg de sorvete de baunilha de boa qualidade, 100 g de nozes quebradas e merengue italiano (ver capítulo *As coberturas*).

> Esse bolo é untado apenas no fundo, a não ser que seja uma fôrma decorada! A receita é feita com o método cremoso. Quando utilizamos óleo, no início, a receita parece um tipo de maionese, em que emulsionam-se os ovos com o óleo criando um composto leve e cremoso, depois os líquidos. Você conhecia?

> Fiz esse bolo para um vídeo há alguns anos. É uma receita tão boa e linda, que precisa estar aqui.

INGREDIENTES

Massa

- 3 ovos
- 3/4 de xícara de manteiga
- 1 xícara de açúcar refinado
- 1 1/2 xícara de farinha de trigo
- 1 colher (sopa) de fermento em pó
- 1/4 de xícara de café expresso
- 1/3 de xícara de licor irlandês (uísque com creme de leite)
- 1/4 de xícara de iogurte natural

Cobertura

- 1 1/2 xícara de açúcar de confeiteiro
- 2 colheres (sopa) de café expresso
- 4 colheres (sopa) de licor

PREPARO

Massa

Preaqueça o forno a 180 °C. Em seguida, unte e polvilhe uma fôrma de furo no meio. Na batedeira, bata muito bem os ovos, a manteiga e o açúcar até que fique uma mistura clara e bem fofa. Fora da batedeira, peneire a farinha de trigo e o fermento e misture bem. Adicione, então, os líquidos (o café, o licor e o iogurte) e mexa até obter uma massa homogênea. Leve para assar em forno preaquecido e asse até que o bolo esteja firme e levemente doura-do. Depois de desenformar o bolo, prepare a cobertura.

Cobertura

Em uma tigela grande, coloque o açúcar de confeiteiro. Então, vá adicionan-do o café e o licor aos poucos, mexendo bem para não perder o ponto. Quan-do estiver na textura de um fondant, aplique a cobertura no bolo.

bolo de capim-limão

> Essa é do livro *O mundo dos cupcakes*. É uma massa tão gostosa e delicada que virou bolo. O segredo aqui é fazer uma infusão bem forte de capim-limão para ficar saboroso.

INGREDIENTES

- 1 xícara de capim-limão fresco picado (ou 6 saquinhos de chá de erva-cidreira)
- 1 1/2 xícara de água
- 2 ovos
- 3/4 de xícara de açúcar
- 1 1/2 xícara de farinha de trigo peneirada
- 2 colheres (sopa) de leite em pó
- 1 colher (sopa) de fermento em pó
- 1/2 xícara de óleo de milho

PREPARO – método direto

Primeiro, preaqueça o forno a 200 °C. Enquanto isso, em uma panela pequena, junte o capim-limão e a água e ferva por 5 minutos, até produzir um chá bem forte. A infusão, depois de fervida, deve render cerca de 1 xícara. Reserve-a. Na batedeira, com o acessório globo, coloque os ovos e o açúcar e bata até a mistura dobrar de volume. Em sequência, misture a farinha, o leite em pó e o fermento em uma tigela e a infusão e o óleo em outra. Junte os líquidos aos secos e, no final, a espuma de ovos com açúcar, mexendo delicadamente. Asse até que a massa esteja cozida e levemente dourada.

Esse bolo é untado apenas no fundo, a não ser que seja uma fôrma decorada!

Receitas | 95

> Todo mundo tem uma boa receita de bolo de cenoura. Essa é a minha! O truque aqui para ficar mais leve é bater bem a cenoura e coar o bagaço, que, no meu ponto de vista, deixa os bolos de cenoura pesados.

INGREDIENTES

- 150 g de cenoura (1 cenoura grande)
- 1/2 xícara de leite morno
- 2/3 de xícara de óleo de milho
- 2 ovos
- raspas de casca de 1/2 laranja-pera
- 2 xícaras de açúcar refinado
- 2 1/2 xícaras de farinha de trigo peneirada
- 1 colher (sopa) de fermento em pó
- 1 pitada de sal

PREPARO – método direto

Preaqueça o forno a 200 °C. Enquanto isso, descasque a cenoura e corte-a em cubos pequenos. Então, bata no liquidificador com o leite morno. Depois, coe e misture a esse líquido o óleo, os ovos, as raspas de casca de laranja e o açúcar. Despeje a mistura em uma tigela grande, acrescentando a farinha de trigo, o fermento e o sal. Em seguida, misture vigorosamente com uma colher, até que a massa fique homogênea. Enfim, asse até que a massa esteja cozida e levemente dourada.

 Esse bolo é untado apenas no fundo, a não ser que seja uma fôrma decorada!

Um híbrido de brownie e petit gateau, esse bolo cremoso é ideal para uma sobremesa ou para fazer cupcakes.

INGREDIENTES

- 2 xícaras de chocolate amargo (70% de cacau)
- 1/2 xícara de manteiga sem sal
- 5 ovos
- 1/2 xícara de açúcar refinado
- Pitada de sal
- 1/4 de xícara de farinha de trigo peneirada
- 1/3 de xícara de chocolate em pó 50% de cacau

PREPARO – método espumoso

Preaqueça o forno a 180 ºC. Enquanto isso, derreta o chocolate com a manteiga no micro-ondas, de 30 em 30 segundos, mexendo nos intervalos e reserve. Na batedeira, com o acessório globo, coloque as claras e bata-as até o ponto de neve. Adicione então o açúcar e depois as gemas, uma a uma, formando uma espuma fofa e volumosa. Depois, retire a tigela da batedeira e misture essa espuma delicadamente ao chocolate derretido com a manteiga e o sal. Por fim, peneire a farinha e o chocolate em pó e misture bem. Distribua na fôrma e asse até que crie uma casquinha seca na superfície do bolo. Ele deve ficar ainda molinho no centro.

 Esse bolo eu faço direto na fôrma em que irei servir, sem untar nem o fundo.

> Dispensa comentários.

INGREDIENTES

- 1 xícara de manteiga sem sal em temperatura ambiente
- 3 ovos
- 1 1/4 de xícara de açúcar
- 1 colher (chá) de pó de café solúvel
- 1 1/4 de xícara de chocolate em pó peneirado
- 1 1/2 xícara de farinha de trigo peneirada
- 1 colher (sopa) de fermento em pó
- 1 pitada de sal
- 1 xícara de leite

PREPARO – método cremoso

Preaqueça o forno a 180 °C. Enquanto isso, na batedeira, acrescente a manteiga, as gemas e o açúcar, batendo até obter uma mistura cremosa. Então, adicione o café solúvel e bata mais um pouco. Em seguida, retire da batedeira e misture, alternando os ingredientes secos e o leite. Bata as claras em neve e adicione-as no final, delicadamente. Por último, leve ao forno e asse até que esteja cozido e levemente dourado.

Esse bolo é untado apenas no fundo, a não ser que seja uma fôrma decorada!

Receitas | 101

> Sem pretensão nenhuma de ser um bolo sem glúten, mas é. A substituição da farinha pelo coco deixa esse bolo denso e com textura. Sabe aquele lanche da tarde? Perfeito.

INGREDIENTES

Massa

- 1 xícara de açúcar
- 1/4 de xícara de manteiga sem sal em temperatura ambiente
- 1/2 xícara de chocolate em pó
- 6 ovos
- 1 1/4 de xícara de coco seco ralado
- 1 colher (sopa) de fermento em pó

Cobertura de brigadeiro

- 1 lata de leite condensado
- 2 colheres (sopa) de chocolate em pó 50% cacau
- 1 colher (sopa) de manteiga sem sal

PREPARO – método direto

Massa

Preaqueça o forno a 200 ºC. Então, bata todos os ingredientes (açúcar, manteiga, chocolate em pó, ovo, coco seco, fermento) no liquidificador até obter uma massa com textura bem homogênea. Em seguida, prepare um refratário untado com manteiga e açúcar e despeje o conteúdo. Enfim, asse até que a massa esteja cozida e levemente dourada.

Cobertura

Enquanto a massa esfria, prepare a cobertura. Em uma panela, coloque todos os ingredientes e cozinhe mexendo até desgrudar do fundo da panela ou atingir 105 °C.

 Esse bolo é feito no refratário, untado com manteiga e açúcar.

> Claro que ele não podia ficar de fora. Essa é a boa e velha receita "Toalha felpuda", que eu adaptei e ficou perfeitinha. É o produto que mais vendo desde 2008. Um sucesso da minha confeitaria para sua casa!

INGREDIENTES

Massa

- 5 ovos
- 3 xícaras de açúcar
- 1/2 xícara de leite
- 2 xícaras de farinha de trigo
- 1 colher (sopa) de fermento em pó

Calda

- 1 1/2 lata de leite condensado
- 1 lata (mesma medida da lata de leite condensado) de leite integral
- 300 ml de leite de coco
- Coco ralado para finalizar (eu uso o doce e umedecido)

PREPARO – método espumoso

Massa

Preaqueça o forno a 170 °C. Enquanto isso, prepare uma fôrma de bolo inglês ou pão de fôrma com um papel-manteiga no fundo. Não unte as laterais. Na batedeira, com o auxílio do batedor tipo globo, bata as claras em neve. Em seguida, acrescente as gemas, bata mais um pouco e adicione o açúcar, sem parar de bater. Coloque, então, o leite e, fora da batedeira, a farinha de trigo peneirada com o fermento. Leve para assar até a massa ficar firme e dourada. Assim que sair do forno, desenforme. Espere a fôrma esfriar e cubra-a com um plástico. Em sequência, fure o bolo inteiro com um palito de churrasco, para que a cobertura chegue até o fundo da fôrma.

Calda

Em uma tigela, misture o leite condensado, o leite integral e o leite de coco, até se tornar uma calda homogênea. Regue o bolo com a cobertura, sempre a partir das bordas. Pode parecer cobertura demais, mas não desista – pode colocar tudinho! Cubra a massa com um filme plástico e congele por pelo menos 24 horas. Para servir, desenforme com ajuda do filme plástico. Então, corte o bolo em pedaços e passe-os no coco ralado. Para finalizar, embrulhe-os e guarde na geladeira ou no congelador.

> Este bolo é untado apenas no fundo. Esta receita tem uma quantidade alta de açúcar propositalmente para que fique bem molhadinho e a massa segure a calda. Cuidado ao assar, pois se estiver em forno alto ou desregulado pode caramelizar a superfície, o que trava o crescimento do bolo.

> Porque qualquer livro de bolos tem que ter essa receita! Essa é da minha tia-avó, Líbera, diretamente do caderno de receitas que minha mãe fez para mim.

INGREDIENTES

- 1/3 de xícara de farinha de trigo
- 1 colher (sopa) de fermento em pó
- 1 1/3 de xícara de fubá
- 1 1/4 de xícara de açúcar refinado
- 1/2 xícara de óleo de milho
- 2/3 de xícara de leite integral
- 2 ovos
- 1 colher (sopa) de sementes de erva-doce

PREPARO – método direto

Para começar, preaqueça o forno a 180 ºC. Enquanto isso, peneire a farinha com o fermento, o fubá e o açúcar e reserve. Em outro recipiente, misture o óleo, o leite e os ovos e bata ligeiramente. Junte os secos ao preparo líquido com o auxílio de um fouet até a mistura ficar bem homogênea. Adicione então as sementes de erva-doce e leve a massa para assar em fôrma untada até que esteja firme e levemente dourada.

 Esse bolo é todo untado.

> Ingredientes brasileiríssimos e um bolo perfeito, com cara de quitanda na casa da vó. Para dar um toque especial, adicionei cachaça na calda de goiabada, que você pode substituir por água, tá?!

INGREDIENTES

Massa

- 2 ovos
- 3/4 de xícara de açúcar
- 1/2 xícara de óleo de milho
- 1/2 xícara de leite
- 1 2/3 de xícara de farinha de trigo peneirada
- 1/2 colher (chá) de canela em pó
- 1 colher (sopa) de fermento em pó
- 2/3 de xícara de castanha-do-pará grosseiramente picada
- 200 g de goiabada cascão em cubos

Calda de goiabada com cachaça

- 200 g de goiabada em pedaços
- 3 colheres (sopa) de cachaça
- 1/2 xícara de água

PREPARO – método espumoso

Massa

Preaqueça o forno a 180 °C. Em seguida, em uma batedeira, adicione os ovos e o açúcar até obter uma mistura clara e aerada. Em uma tigela, misture o óleo e o leite. Em outra vasilha, misture a farinha, a canela e o fermento. Aos poucos, vá adicionando alternadamente as misturas de líquidos e de secos à massa de ovos, batendo em velocidade baixa. No final, adicione a castanha-do-pará picada e os cubos de goiabada e misture bem. Leve para a fôrma e asse até que a massa esteja cozida e levemente dourada.

Calda

Em um recipiente, em banho-maria (ou, se preferir, no micro-ondas), leve a goiabada, a cachaça e a água ao fogo até derreter e formar uma calda espessa.

> Esse bolo é untado apenas no fundo, a não ser que seja uma fôrma decorada!

Receitas | 109

> Esse bolo, eu criei para o restaurante Wraps há mais de 20 anos. A sobremesa era servida quentinha com uma bola de sorvete de canela – fica a dica! Também é uma delícia para fazer em tabuleiro e colocar na lancheira da escola. Uma receita gostosa e saudável!

INGREDIENTES

Massa

- 1/2 xícara de manteiga
- 1/2 xícara de açúcar demerara
- 2/3 de xícara de mel
- 1/3 de xícara de iogurte natural
- 2 ovos
- 1 1/2 xícara de farinha de trigo
- 1 colher (chá) de fermento em pó
- 1 colher (chá) de bicarbonato de sódio
- Pitada de sal
- 1 colher (sopa) de gengibre fresco ralado
- 2 unidades de maçã verde cortadas em cubinhos, com casca
- Suco de 1 limão-taiti

Calda toffee de açúcar mascavo

- 1/2 xícara de manteiga
- 2 xícaras de açúcar mascavo
- 1/2 colher (chá) de sal
- 1 xícara de creme de leite fresco

Di Carole

Essa calda deliciosa pode ser feita em maior quantidade, com durabilidade de até três meses, se guardada no congelador. Imagina só ter essa calda e, em um dia que não tem sobremesa, colocar um pouquinho por cima de um sorvete de creme.

PREPARO – método cremoso

Massa

Preaqueça o forno a 180 °C, enquanto isso, unte o fundo e a base das laterais de uma fôrma retangular de bolo inglês. Na batedeira, com o batedor tipo raquete, misture a manteiga com o açúcar e o mel até obter um resultado cremoso e aerado. Junte então o iogurte e bata mais um pouco. Em seguida, adicione os ovos, batendo um a um. Fora da batedeira, misture a farinha de trigo peneirada com o fermento, o bicarbonato e o sal. Por fim, adicione o gengibre, as maçãs picadas e o suco de limão, delicadamente. Coloque a mistura na fôrma e asse até que a massa esteja firme e levemente dourada.

Calda

Em uma panela, derreta a manteiga. Em seguida, junte o açúcar mascavo e o sal e cozinhe mexendo até que se dissolvam. Então, adicione o creme de leite fresco. Cozinhe mexendo até que todo o açúcar se dissolva, por cerca de 10 minutos.

 Por conta da maçã, nessa receita, toda a fôrma é untada.

Receitas | III

> Esse bolo vai te surpreender, pois leva o maracujá com as sementes, sem coar. De sabor intenso e textura intrigante, é um bolo que vira sobremesa se montado com sorvete e calda quente.

INGREDIENTES

Massa

- 5 ovos
- 2 xícaras de açúcar refinado
- 1/2 xícara de manteiga
- 3 maracujás grandes
- 2 xícaras de farinha de trigo
- 1 colher (sopa) de fermento em pó

Calda de chocolate (Essa é a basiquinha, pau para toda obra, tem que saber e usar sempre que precisar!)

- 1 xícara de leite integral
- 1 xícara de chocolate ou cacau em pó
- 1 xícara de açúcar refinado
- 2 colheres (sopa) de manteiga

PREPARO – método cremoso

Massa

Preaqueça o forno a 180 °C. Com o batedor do tipo raquete, bata as gemas com o açúcar e a manteiga até obter um creme fofo. Em seguida, retire da batedeira e misture o maracujá e a farinha de trigo peneirada com o fermento. Então, bata as claras em neve e misture-as à massa, delicadamente. Leve para assar até que fique firme e levemente dourado. Sirva com calda de chocolate.

Calda

Coloque todos os ingredientes, exceto a manteiga em uma panelinha e leve ao fogo. Cozinhe em fogo médio mexendo até que o açúcar se dissolva e a calda fique lisinha. No final, com o fogo desligado, adicione a manteiga e misture até que ela derreta.

 Esse bolo é todo untado.

> A combinação desses dois ingredientes é mágica. Cuidado para não exagerar no café e capriche na escolha das nozes.

INGREDIENTES

Massa

- 2/3 de xícara de manteiga
- 1 xícara de açúcar
- Pitada de sal
- 1 colher (sopa) de café em pó solúvel
- 3 ovos
- 1 1/2 xícara de farinha de trigo
- 1 xícara de nozes trituradas
- 1 colher (sopa) de fermento

Cobertura de creme de manteiga

- 1/2 xícara de manteiga em temperatura ambiente
- 1 xícara de açúcar de confeiteiro
- 2 colheres (sopa) de café expresso

PREPARO – método cremoso

Massa

Preaqueça o forno a 170 ºC. Na batedeira, coloque a manteiga com o açúcar, o sal e o café solúvel. Em seguida, bata até obter um creme aerado. Então, adicione os ovos, um a um. Fora da batedeira, com delicadeza, misture a farinha de trigo, as nozes e o fermento. Leve para assar até que esteja dourado e firme.

Cobertura

Coloque todos os ingredientes na batedeira e bata até obter um creme liso e aerado.

 Esse bolo é todo untado.

Bolo delicioso e daqueles que permanecem fofinhos por uns quatro dias fora da geladeira. É uma massa que você pode usar para rechear também (uma baba de moça combina super). Nesse caso, asse-o em várias fôrmas iguais e discos baixos para facilitar.

INGREDIENTES

- 1 xícara de pistaches sem casca
- 2 1/2 xícaras de farinha de trigo
- 2 colheres (sopa) de amido de milho
- 1/2 colher (chá) de bicarbonato de sódio
- 1 colher (chá) de fermento em pó
- 1/2 colher (chá) de sal
- 1/2 xícara de manteiga
- 1/2 xícara de óleo
- 4 colheres (sopa) de mel
- 2 1/4 de xícara de açúcar refinado
- 3 ovos
- 1 colher (chá) de vinagre branco
- 2 1/3 de xícara de leite

PREPARO – método cremoso

Primeiro, preaqueça o forno a 180 °C. Em seguida, adicione os pistaches a um processador de alimentos, processe até que se transformem em uma farinha bem fininha e reserve-os. Em uma tigela, peneire a farinha, o amido de milho, o bicarbonato de sódio, o fermento em pó e o sal. Na batedeira, com o utensílio globo, bata bem a manteiga, o óleo, o mel e o açúcar até que a mistura fique leve e cremosa. Em sequência, adicione os ovos um de cada vez, misturando bem entre cada adição. Então, acrescente o vinagre e metade do leite, e misture bem. Retire da batedeira e adicione metade dos ingredientes secos pré-misturados. Depois, adicione o restante do leite, misture bem e junte o restante dos secos. Finalize adicionando os pistaches triturados. Leve a massa para assar até que esteja firme e dourada.

Esse bolo é untado apenas no fundo, a não ser que seja uma fôrma decorada!

> Outra de pistache, mas essa é bem diferente, não leva ovos e tem uma textura parecida com a de pão de mel. Mais firme, leva uma calda abundante para ficar molhadinha e vai superbem como sobremesa, com chantili misturado com iogurte.

INGREDIENTES

Massa

- 3/4 de xícara de manteiga
- 1 lata de leite condensado
- 1 xícara de pistache triturado
- 2 1/3 de xícara de farinha de trigo
- 1 colher (chá) de fermento
- 1 colher (chá) de bicarbonato
- 2 laranjas (suco e raspas)
- 1/4 de xícara de água

Calda

- 1 xícara de açúcar demerara
- 2 laranjas (suco e raspas)
- 3/4 de xícara de água
- 1 fava de baunilha

PREPARO – método cremoso

Massa

Preaqueça o forno a 170 ºC. Então, na batedeira, junte a manteiga e o leite condensado e bata até a massa ficar macia e aerada. Fora da batedeira, adicione os pistaches e a farinha de trigo, delicadamente. Adicione o fermento e bicarbonato e o suco de 2 laranjas, as raspas de 1 laranja, mais 1/4 de xícara de água. Leve para assar até que a massa esteja firme e dourada.

Calda

Em uma panela pequena, prepare uma calda fervendo o açúcar, o suco de 2 laranjas, 3/4 de xícara de água, a baunilha e as raspas de 1 laranja. Cozinhe até o ponto de xarope fino. Quando o bolo sair do forno, ainda morno, faça furos e cubra com a calda.

Esse bolo é todo untado.

> O favorito da minha mãe, muito leve, dura bastante tempo fora da geladeira e ainda pode ser incrementado com frutas secas ou cristalizadas.

INGREDIENTES

Massa

- Manteiga e açúcar de confeiteiro para untar e polvilhar
- 3/4 de xícara de manteiga
- 1/2 fava de baunilha
- 1 1/2 xícara de açúcar
- 2 xícaras de ricota (420 g)
- 3 ovos
- 3 gemas
- 1 1/2 xícara de farinha de trigo
- 1/2 colher (chá) de sal
- 1/2 colher (chá) de bicarbonato de sódio

Casquinha de baunilha

- 1/2 fava de baunilha
- 1 1/2 xícara de açúcar de confeiteiro
- 3 colheres (sopa) de leite

Dica Carole: A quantidade de líquido deve ser apenas a suficiente para dissolver o açúcar. Vá sempre aos poucos e aguarde uns instantes entre uma e outra adição de líquido.

PREPARO – método cremoso

Massa

Preaqueça o forno a 180 °C. Então, unte a fôrma usando a manteiga e o açúcar de confeiteiro. Na batedeira, coloque a manteiga, as sementes de baunilha e o açúcar e bata até ficarem combinados. Adicione a ricota e bata bem até a mistura ficar leve e fofa. Junte os ovos, um de cada vez e depois as gemas. Ainda batendo. Peneire a farinha com o sal e o bicarbonato e junte-os à mistura com a ricota, fora da batedeira. Despeje a massa na fôrma e asse até que o bolo esteja firme e levemente dourado.

Casquinha

Retire as sementes da fava de baunilha e misture-as ao açúcar de confeiteiro. Em sequência, adicione o leite – uma colher por vez – e misture para que o açúcar se dissolva e forme uma calda lisa e fina.

Esse bolo é untado apenas no fundo, a não ser que seja uma fôrma decorada!

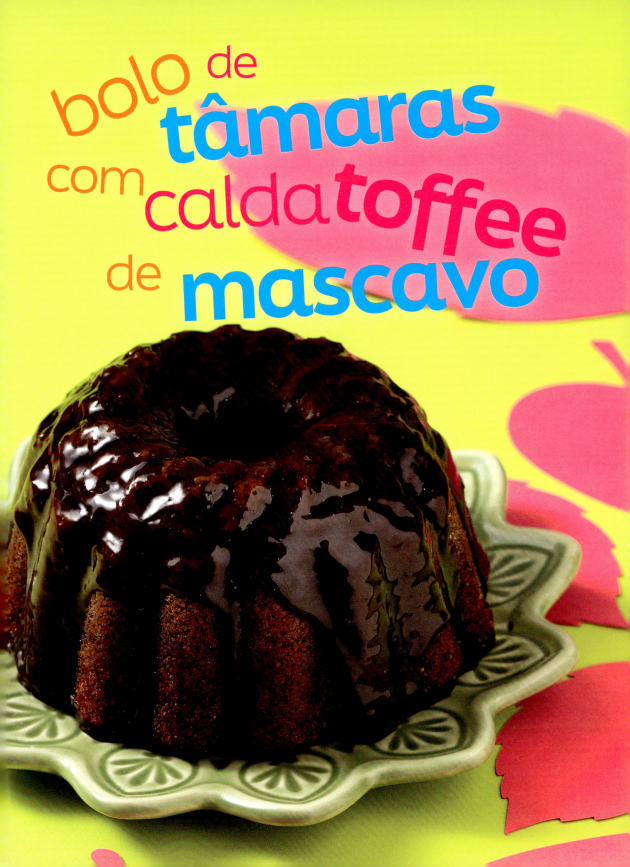

Receitas | 121

> Esse é o famoso bolo de origem inglesa: Sticky toffee pudding. Sua textura é densa e a calda toffee gruda no bolo dando a característica grudenta (*sticky*) a ele. Tenho um grande amigo cozinheiro que faz essa receita trocando as tâmaras por figo seco, fica incrível – salve Gustavo Rozzino.

INGREDIENTES

Massa

- 3/4 de xícara de água
- 225 g de tâmaras sem caroço
- 1 2/3 de xícara de farinha de trigo
- 1 colher (chá) de bicarbonato de sódio
- 1 colher (chá) de fermento
- 1/3 de xícara de manteiga
- 1 xícara de açúcar demerara
- 1 colher (chá) de extrato de baunilha
- 2 ovos
- 125 ml de leite integral (1/3 de xícara + 3 colheres [sopa])
- 2 colheres (sopa) de melaço de cana

Calda

- 1 xícara de açúcar mascavo
- 1/4 de xícara de manteiga
- 1 xícara de creme de leite fresco

PREPARO – método cremoso

Massa

Primeiro, preaqueça o forno a 180 ºC. Então, prepare uma fôrma untada e reserve. Em seguida, coloque a água para ferver. Em sequência, adicione as tâmaras e deixe-as descansando com o fogo desligado por cerca de 30 minutos. Enquanto isso, peneire juntos a farinha, o bicarbonato e o fermento. Na batedeira, misture a manteiga com o açúcar e a baunilha em um creme aerado. Depois, adicione os ovos e o leite. Retire da batedeira e misture delicadamente os secos. No final, adicione o melaço e as tâmaras amassadas (como um purê). Leve para assar até que o bolo esteja firme e levemente dourado.

Calda

Coloque o açúcar mascavo em uma panela e deixe-o derreter. Depois, adicione a manteiga e a metade do creme de leite. Quando a calda estiver lisa, cozinhe por mais 2 minutos, desligue o fogo e adicione o restante do creme.

Para servir, o ideal é deixar o bolo descansando coberto com a calda por 2 dias. Coloque-o em um prato, regue com a calda e cubra. Para servir, aqueça no forno com a calda (inclusive a que ficou por baixo). Deve ser servido com a calda quase fervendo, "supitando".

Esse bolo é todo untado.

bolo de tangerina com casca

Receitas | 123

Cheirinho de bolo é bom, de tangerina também. Imagina os dois juntos!

INGREDIENTES

Massa

- 2 tangerinas
- 4 ovos
- 3/4 de xícara de óleo
- 1 2/3 de xícara de açúcar refinado
- 2 1/2 xícaras de farinha de trigo
- 2 colheres (chá) de fermento em pó

Calda

- 1 1/2 xícara de açúcar de confeiteiro
- 3 colheres (sopa) de suco de tangerina

PREPARO – método direto

Massa

Preaqueça o forno a 180 ºC. Então, lave bem e seque as tangerinas. Em seguida, corte-as e retire o miolo branco que fica no meio com as sementes. No liquidificador, bata os ovos, a tangerina, o óleo e o açúcar até obter uma mistura líquida. Depois, em uma tigela, peneire a farinha com o fermento e despeje sobre ela a mistura líquida. Leve a massa para assar até que fique dourada e firme.

Calda

Comece o preparo adicionando, aos poucos, o açúcar no suco de tangerina, mexendo bem nos intervalos. Caso necessário, acrescente um pouco mais de suco. A quantidade pode variar ligeiramente. Mexa até que a calda apresente uma textura homogênea, como a da foto. Por último, cubra o bolo com a caldinha.

Esse bolo é todo untado.

> Receita da minha mãe e o preferido do meu pai. É meio bolo, meio torta. Não desenforma bem, então sempre fazemos em um refratário para servir nele mesmo, cortado em quadradinhos. Este da foto foi a minha mãe que fez, especialmente para vocês.

INGREDIENTES

Massa

- Manteiga e açúcar cristal para untar e polvilhar
- 4 ovos
- 300 g de mandioca crua ralada no ralo médio
- 2 xícaras de açúcar refinado
- 1 xícara de manteiga derretida
- 1 unidade de coco fresco ralado (aproximadamente 350 g)
- 1 colher (sopa) de fermento em pó
- 100 g de queijo meia cura ralado no ralo médio

Calda

- 2 xícaras de açúcar
- 1 xícara de água
- 1 colher (sopa) de essência de baunilha*

PREPARO – método direto

Massa

Preaqueça o forno a 180 ºC. Enquanto isso, separe um refratário e unte-o com manteiga e açúcar cristal. Separe as claras das gemas e reserve. Em uma tigela grande, misture a mandioca, o açúcar, a manteiga, o coco, o fermento e o queijo. Em seguida, bata as claras em neve e adicione-as delicadamente no final. Leve a massa para assar até dourar bem. Retire do forno e cubra imediatamente com a calda.

Calda

Misture o açúcar e a água até que levante fervura. Só acrescente a baunilha após a calda atingir o ponto de fio fino (105 ºC). Depois de colocar a calda, leve o bolo ao forno por mais 10 minutos.

 Esse bolo é feito já no refratário em que será servido.

....

* Aqui para não mexer na minha memória afetiva do sabor desse bolo vou usar essência de baunilha mesmo.

Esse é o bolo mais fofo que você vai encontrar neste livro. É chocante, você vai amar! Esta é uma receita simples e que permite substituir os ingredientes e fazer de vários sabores. Experimente trocar o suco e as raspas de laranja por limão ou maracujá, ou colocar 3 colheres (sopa) de cacau em pó.

INGREDIENTES

Massa

- 2 xícaras de farinha de trigo
- 1 colher (sopa) de fermento em pó
- 340 g de açúcar (2 xícaras mais 2 colheres [sopa])
- 1/2 xícara de óleo
- 6 ovos
- 1/4 de xícara de leite
- 1/2 xícara de suco de laranja pera
- Raspas de 1 laranja pera

Calda de açúcar para cobrir

- 60 g de leite
- 500 g de açúcar de confeiteiro
- Gotas de suco de limão

DiCarole

Para fazer esse bolo, a fôrma de chiffon é a ideal. Você pode encontrá-la facilmente em lojas de produtos para confeitaria. Caso não consiga achar ou decida assar esse bolo em fôrma tradicional, saiba que o resultado ficará diferente, um pouco menos fofo.

PREPARO – método direto

Massa

Preaqueça o forno a 170 ºC e separe uma fôrma de chiffon, sem untá-la. Em sequência, peneire junto a farinha, o fermento e o açúcar e reserve-os. Misture, então, os ingredientes líquidos (incluindo apenas as gemas) e as raspas de laranja. Depois, adicione aos poucos a mistura de secos até formar uma massa homogênea. Usando o utensílio globo da batedeira, bata as claras em neve e adicione-as à massa, delicadamente. Em seguida, leve-a para assar até que esteja firme e levemente dourada. Tire-a do forno, certifique-se de que está bem assada – teste do palito – e vire-a de cabeça para baixo. Após virá-la, deixe-a descansar assim até que esfrie completamente. Para desenformar, você irá precisar passar a faca nas laterais da fôrma, soltar o fundo e novamente usar a faca para desgrudar o bolo.

Calda

Aqueça o leite e misture-o ao açúcar e ao limão. Se preciso, ajuste a consistência com suco de limão. Misture bem para o açúcar se dissolver. Quando estiver bem liso, cubra o bolo.

Esse bolo não é untado, nem no fundo! Use uma fôrma para bolo chiffon que tem o fundo removível para facilitar na hora de desenformar.

Receitas | 129

Porque a gente ama!

INGREDIENTES

Massa

- 1/3 de xícara de manteiga
- 1 2/3 de xícara de açúcar refinado
- 4 ovos
- 2 xícaras de farinha de trigo
- 1 colher (sopa) de fermento em pó
- 1 xícara de leite integral
- 1/2 xícara de chocolate granulado amargo
- 1/2 xícara de chocolate granulado branco

Cobertura de chocolate que seca e craquela

- 80 g de açúcar
- 50 g de manteiga
- 50 g de chocolate em pó (ou achocolatado)
- 60 g de leite

Di Carole

Hoje tem muito tipo de granulado à venda. Escolha os que são feitos de chocolate mesmo, para não colocar no seu bolo um confeito feito de gordura e açúcar.

PREPARO – método cremoso

Massa

Preaqueça o forno a 180 °C. Na batedeira com o globo, junte a manteiga com o açúcar e as gemas. Bata até ficar fofo e aerado. Retire da batedeira e misture a farinha peneirada com o fermento, delicadamente, intercale com o leite, depois acrescente os granulados. Então, bata as claras em neve e junte-as à massa. Por fim, leve para assar até que o bolo fique dourado e firme. Enquanto assa, prepare a caldinha de chocolate.

Cobertura

Basta colocar todos os ingredientes em uma panelinha e cozinhar até que estejam dissolvidos.

Esse bolo é untado apenas no fundo, a não ser que seja uma fôrma decorada!

bolo indiano

> Atendendo a pedidos, o bolo mais queridinho das padarias paulistanas.

INGREDIENTES

Massa

- 1 xícara de açúcar refinado
- 1/2 xícara de açúcar mascavo
- 1 colher (sopa) de canela em pó
- 6 gemas
- 1/2 xícara de manteiga
- 1/2 xícara de nozes trituradas
- 1 colher (sopa) de fermento
- 1 1/2 xícara de farinha de rosca
- 8 claras

Cobertura de brigadeiro branco com doce de leite

- 1 lata de leite condensado
- 1/2 xícara de doce de leite
- 2 colheres (sopa) de manteiga
- 1/2 xícara de leite

PREPARO – método cremoso

Massa

Primeiro, preaqueça o forno a 180 ºC. Em seguida, forre o fundo da fôrma com papel-manteiga e reserve. Na batedeira, coloque o açúcar refinado, o açúcar mascavo, a canela, as gemas e a manteiga e bata até obter uma mistura leve e aerada. Retire da batedeira e misture as nozes, o fermento e a farinha de rosca, delicadamente. Então, bata as claras em neve e adicione-as à massa. Leve o bolo para assar até que esteja firme e levemente dourado. Por fim, cubra com o brigadeiro branco molinho.

Cobertura

Coloque o leite condensado, o doce de leite e a manteiga na panela e cozinhe até que toda a massa desgrude da panela, em bloco – ponto de enrolar. Retire do fogo e misture o leite para atingir a textura de cobertura.

Esse bolo é untado apenas no fundo, a não ser que seja uma fôrma decorada!

> Esse bolo é um devaneio que tive uma vez, pensando na gelatina colorida: por que não fazer um bolo todo lindo e colorido também? A receita dos bolos coloridos é a minha massa de "bolo de nada", que quando dá vontade aqui em casa é a que fazemos. Achei lindo, lindo, lindo. E você?

INGREDIENTES

Para os bolos coloridos

- 400 g de açúcar refinado
- 400 g de farinha de trigo
- 2 colheres (sopa) de fermento
- 8 ovos
- 320 ml de óleo
- 320 g de iogurte natural
- Corantes alimentícios de pelo menos 3 cores

Para o bolo que os envolve

- 5 ovos
- 200 g de açúcar
- 1 colher (sopa) de extrato de baunilha
- 200 g de farinha de trigo
- 1 colher (chá) de fermento
- Raspas de 1 limão-taiti
- Raspas de 1 limão-siciliano

PREPARO – método direto

Primeiro, preaqueça o forno a 180 ºC. Em seguida, separe uma fôrma grande de furo no meio (como a de chiffon) e mais 4 fôrmas pequenas de bolo inglês com o fundo forrado de papel-manteiga, sem untar. Faça primeiro os bolos coloridos.

Massa colorida

Primeiro, peneire os ingredientes secos (açúcar, farinha de trigo, fermento) e reserve. Separe as claras das gemas e guarde-as. Em outro recipiente, misture o óleo, o iogurte e as gemas e bata levemente com o fouet. Junte os secos ao preparo líquido, misturando com o fouet até estar bem homogêneo. Em seguida, bata as claras em neve e adicione-as delicadamente à massa. Então, separe a massa em 4 porções iguais e tinja cada uma de uma cor. Leve-as para assar até que estejam firmes e levemente douradas. Espere que esfriem e corte-as em pedaços irregulares. Reserve.

Massa comum

Prepare uma fôrma grande de furo no meio, com papel-manteiga no fundo. Em seguida, arrume coloridamente os pedaços dos bolos já assados. Aumente a temperatura do forno para 200 ºC. Bata os ovos com o açúcar e a baunilha até triplicarem de volume. Tire a massa da batedeira e peneire a farinha com o fermento por cima. Então, adicione as raspas de limão, misturando delicadamente. Por último, despeje-a na fôrma já com as outras coloridas e leve para assar até que fique firme e dourada.

 Esse bolo é untado apenas no fundo.

> Essa receita nasceu para este livro. Tem um semifredo que eu amo e faço muito que leva essa mistura maravilhosa de mel, frutas cristalizadas, castanhas e laranja. Pensando no que eu iria apresentar aqui, achei que seria incrível ter esses sabores em um bolo. Saiu... delicioso. Você precisa provar!

INGREDIENTES

Massa

- 1/4 de xícara de uvas-passas pretas sem caroço
- 1/4 de xícara de frutas cristalizadas
- 1/3 de xícara de licor de laranja
- 1/2 xícara de mel
- 3/4 de xícara de açúcar refinado
- 3 colheres (sopa) de água
- 8 gemas
- 1 xícara de farinha de trigo
- 1 colher (chá) de fermento
- 1 xícara de farinha de amêndoas
- 1/3 de iogurte natural
- 1/4 de xícara de amêndoas torradas e picadas
- 1/4 de xícara de pistache sem casca, torrado e picado
- 4 claras

Calda

- 2 xícaras de creme de leite fresco
- 3 colheres (sopa) de açúcar
- Raspas de 1 laranja

PREPARO – MÉTODO ESPUMOSO

Massa

Comece preaquecendo o forno a 180 ºC. Em seguida, coloque as uvas-passas e as frutas cristalizadas em um recipiente com o licor e deixe marinar por 3 horas. Enquanto isso, prepare um pâte à bombe: leve o mel, o açúcar e um pouco de água para cozinhar até o ponto de fio fino (105 ºC). Em seguida, bata as gemas até ficarem leves e claras. Quando a calda atingir o ponto correto, despeje-a nas gemas (bem devagarinho) e continue batendo até esfriar. Retire da batedeira e peneire sobre essa espuma a farinha de trigo com o fermento e a farinha de amêndoas. Depois, misture delicadamente. Então, junte o iogurte, as amêndoas, o pistache e as frutas marinadas. Em outro recipiente, bata as claras em neve e misture-as à massa. Por último, leve para assar até que o bolo esteja dourado e firme.

Calda

Bata o creme de leite fresco com o açúcar e as raspas de laranja e sirva com o bolo.

 Esse bolo é untado apenas no fundo, a não ser que seja uma fôrma decorada!

> O bolo que todo mundo queria a receita.

INGREDIENTES

Massa de cacau com iogurte

- 1 1/3 de xícara de açúcar refinado
- 1 1/2 xícara de farinha de trigo
- 1/3 de xícara de cacau em pó
- 1 colher (sopa) de fermento em pó
- 1 pitada de sal
- 2/3 de xícara de óleo neutro (girassol ou milho)
- 2/3 de xícara de iogurte natural
- 4 ovos

Recheio de brigadeiro

- 2 latas de leite condensado
- 1/2 xícara de cacau em pó 50%
- 3 colheres (sopa) de manteiga
- 1 caixa creme de leite UHT (200 g)

Ganache de leite de leite

- 200 g de chocolate 50% (meio amargo)
- 50 ml de leite

Crocante de castanha-de-caju (praliné)

- 250 g de açúcar
- 125 g de xerém de castanha--de-caju
- óleo neutro para untar a superfície ou um tapete de silicone

Calda para umedecer bolos

- 100 g de açúcar
- 170 g de água
- 1/4 de colher (chá) de essência de baunilha

Montagem

- 1 receita de bolo de cacau com iogurte
- 1 receita de brigadeiro para recheio – 800 g de recheio (400 g por camada)
- 1 receita de ganache de leite
- 1 receita de crocante de castanha-de-caju (praliné)
- 1 receita de calda para umedecer bolos – aproximadamente 120 g de calda (50 g a 60 g por camada)

PREPARO

Massa

Primeiro, preaqueça o forno a 180 °C. Então, peneire os ingredientes secos (açúcar, farinha de trigo, cacau, fermento e sal) em uma tigela e reserve. Em outro recipiente, misture o óleo, o iogurte, os ovos e bata levemente com o fouet. Junte os secos ao preparo líquido, misturando manualmente, para ficar bem homogêneo. Leve para assar na fôrma até que a massa esteja firme e levemente dourada. Deixe a massa esfriar antes de rechear.

Recheio

Em uma panela, coloque o leite condensado, o cacau e a manteiga. Então, ligue o fogo e fique mexendo constantemente para que não grude no fundo. Assim que chegar no ponto de brigadeiro de enrolar, desligue o fogo e acrescente o creme de leite. Misture bem e coloque em uma fôrma para esfriar rapidamente.

Ganache

Derreta o chocolate no micro-ondas ou em banho-maria até que fique homogêneo (cuidado para não aquecer demais). Em seguida, adicione o leite e misture bem. Utilize para cobrir o bolo – o topo e a lateral.

Praliné

Coloque o açúcar em uma panela e leve ao fogo baixo, até que derreta completamente e apresente uma coloração de caramelo – tom guaraná. Então, acrescente o xerém de castanha-de-caju e misture bem. Depois, unte uma superfície com óleo ou utilize um tapete de silicone. Despeje no tapete a mistura de castanha-de-caju com caramelo e espalhe bem para esfriar mais rapidamente. Quando estiver fria, triture-a em um processador ou pique-a com a faca para obter uma farofa rústica (praliné). Por último, peneire o praliné com uma peneira grossa para retirar o excesso de pó de caramelo que poderá umedecer demais o bolo.

Calda

Leve o açúcar com a água e a essência ao fogo por 5 minutos, até ferver. Reserve para esfriar (é muito importante para que a calda não entre no bolo ainda quente).

Di Carole

A ganache feita de leite é ótima para cobrir bolos, além de ser uma cobertura muito econômica. Por ter menos gordura que a tradicional com creme de leite, pode ser reaquecida com menos risco de talhar — ideal para quem, como eu, precisa cobrir vários bolos com um só tacho de ganache.

Montagem

Corte a massa em 3 discos. Na fôrma usada para assar, coloque um disco de massa. Regue-o com a calda (usando um pincel ou bisnaga) e coloque a metade do recheio. Para acomodar o recheio, use uma colher molhada com a calda. Cubra com mais um disco de massa e repita o processo com a calda e recheio. Finalize com o terceiro disco de massa e não esqueça de finalizar com calda. Prense o bolo montado na fôrma com as mãos por alguns minutos. Então, embale bem o bolo na fôrma antes de levá-lo à refrigeração. Deixe-o repousar na geladeira por pelo menos 8 horas antes de finalizar (ou de um dia para o outro). Desenforme o bolo e finalize cobrindo com a ganache de leite e o crocante praliné.

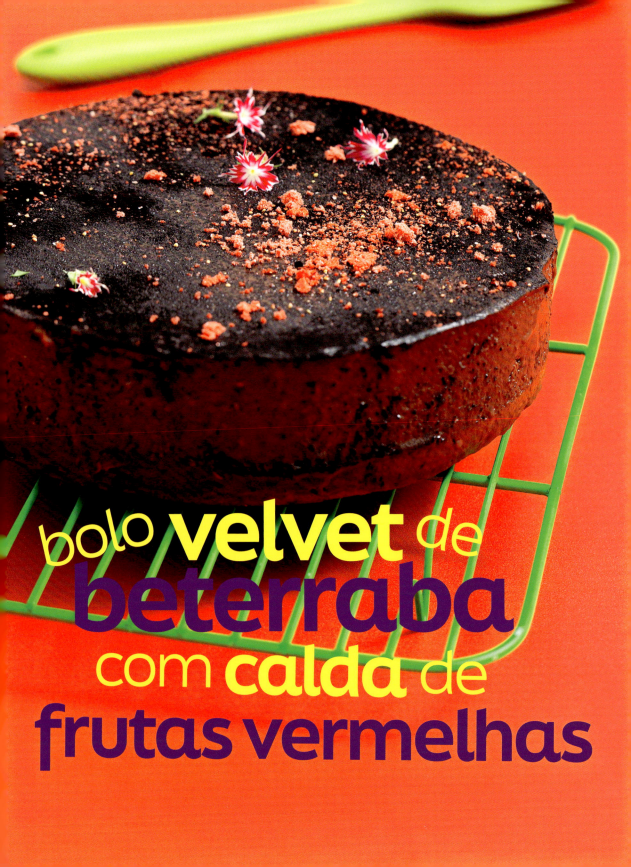

bolo **velvet** de **beterraba** com **calda** de **frutas vermelhas**

Receitas

> A gente sabe que o red velvet comercial é feito com corante e tá tudo certo, mas essa versão com beterraba é bem elegante de sabor e mais natural. A cor não é tão intensa, mas compensa no sabor. Pode usar para rechear e cobrir, ou assim só com uma calda para acompanhar.

INGREDIENTES

Massa

- 1 beterraba grande (160 g)
- 1/2 xícara de óleo
- 1/2 xícara de iogurte natural
- 1/2 xícara de leite
- 1 colher (sopa) de vinagre
- 1 colher (chá) de extrato de baunilha
- 1 limão
- 2 1/2 xícaras de farinha de trigo
- 2 colheres (sopa) de cacau em pó
- 1 colher (chá) de fermento
- Pitada de sal
- 1/2 colher (chá) de bicarbonato de sódio
- 4 ovos

Calda de frutas vermelhas

- 300 g de morangos
- 200 g de amoras
- 200 g de blueberry
- 150 g de framboesas
- 300 g de açúcar refinado
- Suco de 2 limões-taiti

PREPARO – MÉTODO CREMOSO

Massa

Com antecedência, asse as beterrabas. Para isso, besunte-as com óleo e embrulhe em papel-alumínio. Então, coloque no forno quente (200 ºC) e asse por aproximadamente uma hora e trinta minutos. Depois de assadas e frias, descasque-as e bata no processador com o iogurte, o leite, o vinagre, a baunilha e o suco do limão, formando um purê líquido. Peneire junto a farinha, o cacau, o fermento, o sal e o bicarbonato. Em seguida, adicione os ovos um a um e depois intercale a mistura de secos e o purê de beterraba, batendo pouco nos intervalos. Por fim, asse em forno preaquecido a 180 ºC até que a massa esteja firme e levemente dourada.

Calda

Coloque as frutas e o açúcar em uma panela e cozinhe apenas até levantar fervura. Depois, adicione o suco de limão **fora do fogo**.

 Esse bolo é untado apenas no fundo, a não ser que seja uma fôrma decorada!

Aqui eu trouxe a receita tradicional americana, que é bem diferente da que estamos acostumados em casa, aqui no Brasil. Leva a cenoura ralada bem fininha, que pode ser substituída por abóbora, beterraba e até maçã. Receita diferente e versátil. É um bolo de temperatura ambiente, mas se estiver muito calor coloque a cobertura só na hora de servir.

INGREDIENTES

Noisette

- 1 xícara de manteiga (200 g)

Massa

- 2 1/3 de xícara de farinha de trigo
- 1 colher sopa de canela em pó
- 1 pitada de cravo em pó
- 1/2 colher (chá) de noz--moscada
- 2/3 de xícara de açúcar mascavo
- 2 xícaras de açúcar refinado
- 1 colher (sopa) de bicarbonato de sódio
- Pitada de sal
- 4 ovos
- 1/4 de xícara de óleo
- 1 colher de café de extrato de baunilha
- 2 cenouras finamente raladas
- 4 colheres (sopa) de uvas--passas brancas

Cobertura

- 1 1/2 xícara de cream cheese em temperatura ambiente
- 1/4 de xícara de manteiga em temperatura ambiente
- 1 1/3 de xícara de açúcar de confeiteiro
- Canela em pó
- 1 limão

PREPARO – método cremoso

Noisette

Leve a manteiga ao fogo médio/baixo, de preferência em uma panela grossa, e deixe ferver. Formará uma espuma branca densa primeiro, que depois sumirá. No fundo da panela, irá surgir uma borra dourada. Quando isso ocorrer, remova a manteiga do fogo e troque imediatamente de recipiente. Deixe-a descansar por 20 minutos, depois coe e reserve.

Massa

Preaqueça o forno a 180 ºC e prepare a fôrma untando ou com papel-manteiga no fundo. Em uma tigela, peneire a farinha, a canela, o cravo, a noz-moscada o açúcar mascavo, o açúcar refinado, o bicarbonato de sódio e o sal. Reserve. Em uma batedeira equipada com o acessório globo, bata os ovos até que fiquem esbranquiçados e fofos. Diminua a velocidade e adicione lentamente o

óleo, a manteiga noisette e a baunilha. Remova da batedeira e adicione delicadamente os ingredientes secos (que foram peneirados). Por último, acrescente as cenouras finamente raladas e as uvas-passas brancas. Asse por aproximadamente 30 a 35 minutos. Remova do forno e deixe esfriar por completo antes de rechear.

Cobertura

Na batedeira, com o batedor globo, misture o cream cheese e manteiga até ficar uma massa homogênea. Lentamente, adicione o açúcar de confeiteiro enquanto bate em velocidade baixa para que não caia para fora. Continue batendo até que o resultado esteja fofo e aveludado. Adicione então a canela e as gotas de limão.

 Esse bolo é untado apenas no fundo, a não ser que seja uma fôrma decorada!

Receitas | 147

> Essa é uma receita clássica francesa assada em pequenas porções no formato retangular, mas eu amo tanto que transformei em bolo e ainda adicionei as framboesas para ficar mais delícia ainda. Assado e bem fechado, o financier dura mais de uma semana. Essa receita combina com qualquer ocasião, do café da manhã à sobremesa.

INGREDIENTES

- 50 g de amêndoas inteiras sem pele para finalizar
- 100 g de framboesas frescas
- 6 claras
- 2 xícaras de açúcar de confeiteiro
- 2 xícaras de farinha de amêndoas
- 3/4 de xícara de farinha de trigo
- 1 xícara de manteiga noisette*
- 1 limão

PREPARO – método espumoso

Preaqueça o forno a 170 ºC. Enquanto isso, prepare uma fôrma untada e coloque as amêndoas e framboesas no fundo. Então, bata ligeiramente as claras com o açúcar, adicione as farinhas e por último a manteiga noisette. Depois, coloque algumas gotas de suco de limão. Por fim, despeje a massa na fôrma e leve para assar até que fique ligeiramente dourada.

 Esse bolo é untado apenas no fundo, a não ser que seja uma fôrma decorada!

---

* Veja como fazer na receita de Carrot cake, na página 142.

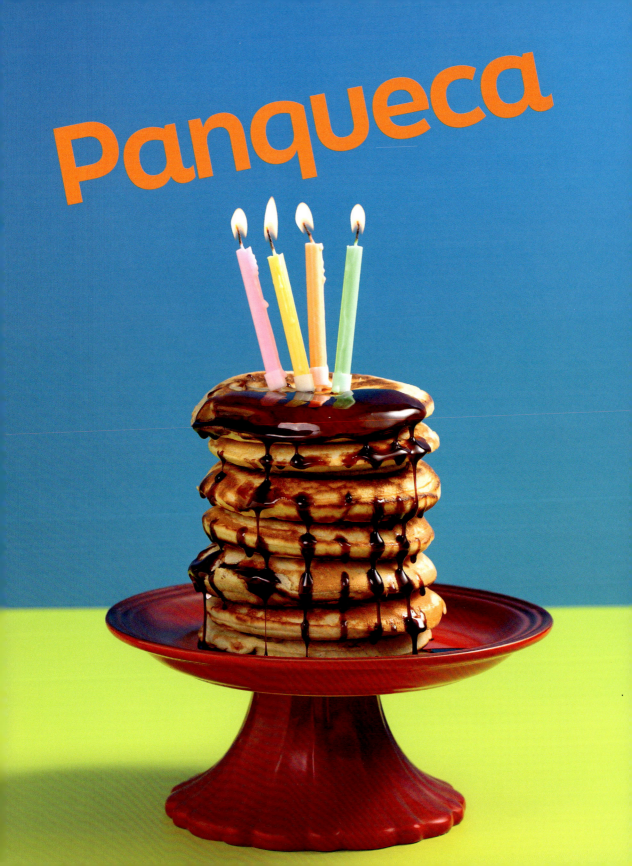

> Em inglês *pancake* (a tradução literal é bolo de frigideira),
> então para mim é bolo e eu amo.

INGREDIENTES

- 1 colher (chá) de fermento biológico seco ativado
- 2 xícaras de leite
- 2 xícaras de farinha de trigo
- 2 colheres (sopa) de açúcar
- Pitada de sal
- 1 ovo
- 2 colheres (sopa) de manteiga derretida
- Manteiga para untar

PREPARO

Para começar, polvilhe o fermento no leite morno e deixe descansar por 10 minutos. Enquanto isso, em uma tigela, peneire a farinha de trigo, o açúcar e o sal. Reserve. Em seguida, pegue a mistura descansada de leite com fermento e acrescente o ovo e a manteiga. Junte essa mistura líquida à mistura seca anteriormente preparada, com o auxílio de um fouet, aos poucos, para evitar a formação de grumos. Descanse a massa por mais 1 hora, coberta com um pano de prato ou filme plástico. Por último, frite as panquecas em uma frigideira antiaderente untada com manteiga.

> Essa é o meu pão de ló de ovar, não tão cheio de gemas como a receita portuguesa original. Fica todo cozido, saboroso e perfumado. A massa portuguesa tem o centro cremoso (não assado) e também é maravilhosa.

INGREDIENTES

- 5 ovos inteiros
- 10 gemas
- 250 g de açúcar refinado
- 1 colher (chá) de extrato de baunilha
- 150 g de farinha de trigo
- Canela em pó para polvilhar

PREPARO

Preaqueça o forno a 180 ºC. Forre uma fôrma redonda de 15/17 cm de diâmetro e 7 cm de altura com papel-manteiga. Bata os ovos, as gemas e o açúcar na batedeira, em velocidade alta, até a mistura triplicar de volume. Depois, adicione o extrato de baunilha. Adicione 50 g de farinha e depois o restante, com cuidado, para não perder as bolhas de ar. Asse por aproximadamente 20 minutos ou até a massa estar seca e levemente dourada. Por último, polvilhe a massa com canela.

Aqui um passo a passo para você nunca mais quebrar o rocambole. O segredo está em enrolá-lo sem recheio, ainda quente, para que a massa se molde. Depois, é só sucesso!

INGREDIENTES

- Manteiga para untar
- 5 ovos
- 1 xícara de açúcar refinado
- 1 1/3 de xícara de farinha
- 1 colher (sopa) de manteiga derretida
- Açúcar refinado para polvilhar

PREPARO

Comece preaquecendo o forno a 200 ºC. Enquanto isso, prepare uma fôrma retangular de 35 cm x 25 cm untando com bastante manteiga e cobrindo com papel-manteiga (unte também por cima do papel-manteiga). Bata os ovos com o açúcar até triplicarem de volume. Em seguida, peneire a farinha e misture-a, com delicadeza, à massa. Depois, adicione a manteiga derretida. Despeje a massa na fôrma e asse até que esteja levemente dourada, ainda macia. Cuidado para não assar demais. Se a massa ressecar, irá quebrar. Enquanto o bolo assa, prepare um pano de prato limpo e seco, polvilhado com açúcar refinado. Assim que a massa sair do forno, vire-a ainda quente no pano. Retire o papel-manteiga, vire-o e coloque-o com o lado limpo por cima do bolo. Enrole e espere esfriar. Quando a massa esfriar completamente, você poderá abrir, rechear e enrolar novamente.

E os recheios, Carole?

Aí você pode rechear à vontade. Doce de leite, creme de avelã, uma boa geleia ou até goiabada cremosa funcionam. Use sua criatividade ou o que você tiver disponível na sua despensa. No rocambole da foto, eu usei um doce de leite escurinho.

Índice de receitas

Banana bread com aveia 70

Bolo banoffee 72

Bolo chiffon com claras em neve 45

Bolo chiffon de iogurte 46

Bolo cítrico com polenta 74

Bolo colorido de caneca 76

Bolo cremoso de chocolate 78

Bolo crumble de iogurte com frutas vermelhas 80

Bolo de azeite com tomilho e limão 82

Bolo de baunilha com gema 84

Bolo de blueberry 86

Bolo de cacau 88

Bolo de café com licor irlandês 90

Bolo de capim-limão 92

Bolo de cenoura 94

Bolo de chocolate amargo 96

Bolo de chocolate com café 98

Bolo de chocolate sem farinha 100

Bolo de coco gelado 102

Bolo de fubá 104

Bolo de goiabada com castanha-do-
-pará e canela 106

Bolo de maçã com gengibre e calda
toffee de mascavo 108

Bolo de maracujá com semente 110

Bolo de nozes com café 112

Bolo de pistache 114

Bolo de pistache com laranja 116

Bolo de ricota com casquinha de
baunilha 118

Bolo de tâmaras com calda toffee de
mascavo 120

Bolo de tangerina com casca 122

Bolo denso de mandioca 124

Bolo fofíssimo de laranja em fôrma
de chiffon 126

Bolo formigueiro 128

Bolo indiano 130

Bolo mosaico 132

Bolo nougat de mel, laranja e frutas
secas 134

Bolo praliné 136

Bolo velvet de beterraba com calda de
frutas vermelhas 140

Carrot cake 142

Financier de amêndoas com
framboesa 146

Panqueca 148

Pão de ló 48

Pão de ló de ovar 150

Pound cake 51

Rocambole 152

A Editora Senac Rio publica livros nas áreas de Beleza e Estética,
Ciências Humanas, Comunicação e Artes, Desenvolvimento Social,
Design e Arquitetura, Educação, Gastronomia e Enologia,
Gestão e Negócios, Informática, Meio Ambiente, Moda,
Saúde, Turismo e Hotelaria.

Visite o site **www.rj.senac.br/editora**,
escolha os títulos de sua preferência e boa leitura.

Fique atento aos nossos próximos lançamentos!

À venda nas melhores livrarias do país.

Editora Senac Rio
Tel.: (21) 2018-9020 Ramal: 8516 (Comercial)
comercial.editora@rj.senac.br

Fale conosco: faleconosco@rj.senac.br

Este livro foi composto nas tipografias Merriweather e FinalSix,
e impresso pela Coan Industria Gráfica Ltda.,
em papel *couché matte* 150 g/m^2,
para a Editora Senac Rio, em outubro de 2024.